# 盧恩符文
# RUNES
## FOR BEGINNERS
## ─ 應用入門 ─

# 麗莎・錢伯倫
## LISA CHAMBERLAIN

盧恩歷史、占卜解讀及魔法實踐

楓樹林

## 目錄

## 第三部分：盧恩符文的意義

## 引言

　　對以往的人來說，構成我們所謂「盧恩符文」的各種符號，可能只被視為棄置已久，原始字母表的古老遺跡。然而，將這些神祕符號用於占卜和其他形式魔法的人知道，盧恩符文遠不僅止於此。

　　儘管幾世紀以來，盧恩符文並沒有受到廣泛使用，但在過去的幾十年裡，盧恩魔法和占卜再度引起人們很大的關注。你可能已經在「新時代」或其他的魔法商店裡看到一系列的盧恩符文商品，可能就擺在各種塔羅牌和其他的占卜用品旁。又或許你可能會在威卡魔法法術書中遇到要求在蠟燭上刻上特定盧恩符文的狀況。如果你是托爾金（J.R.R Tolkien）的粉絲，你肯定很熟悉部分的符號，因為這些符號曾出現在他的小說《哈比人》中，而且是他在《魔戒》中創造「盧恩」字母表的靈感來源，但盧恩符文究竟是什麼？

　　就學術意義而言，盧恩符文已知是一組字母中的字符，而這些字符用於大約從西元前一世紀至幾百年後由歐洲日耳曼民族所

說的各種語言書寫。隨著基督教在日耳曼人居住的地區傳播開來，盧恩符文逐漸被我們今天所知的拉丁字母取代。

然而，和現代的字母不同的是，盧恩符文早在成為書寫系統之前就一直用於魔法目的上。對於盧恩符文的使用者來說，它具有深刻的意義，因此即使曾被基督教會所禁止，也從未完全消失。在隱匿了幾世紀後，盧恩符文終於因各種學者和神祕主義者而重新流行起來，最終還超越了它們的日耳曼起源，成為二十世紀各種靈性體系的一部分。

今日許多使用盧恩符文的人實行的是如阿薩特魯（Asatru）和希特里（Heathenry）等古日耳曼宗教的重建版本，或是通常被稱為北方傳統異教，不拘一格的形式（eclectic form）。這些實踐著重在古日耳曼民族的神靈、信仰和習俗上，而且實際上對基督教時期之前的文化有不同程度的認知。

然而，想和盧恩符文建立合作關係並不必以日耳曼習俗為導向，因為它們的魔法能量和溝通能力是普遍性的。許多使用盧恩符文的人和這些將符文傳承下來的北歐先人幾乎沒有關係。儘管如此，如果你想善用這些符文，對這些魔法符號的來源保有基本的感謝和尊重是很重要的。

那「日耳曼人」是誰？「日耳曼」是一個非常廣泛的詞，指的是具有廣泛的文化認同（Cultural idenfities），且居住在廣泛地理位置的許多不同的古老部族（包含但不限於我們今日所知的德國）。這些不同團體之間的連結就是他們所說的語言，而非任何單一的種族構成或中心信仰體系。

和古代凱爾特人不同的是，日耳曼部落幾千年前從歐洲的某個地區開始遷徙，從北歐擴張至西歐與中歐部分。西元前一世紀，他們已經到達羅馬帝國的邊界，而他們的習俗也是在此時首度出現在羅馬抄寫員的文獻記載中。

關於基督教時期之前各個日耳曼部落的其他知識來自考古證據、神話以及斯勘地納維亞和英國的文學，即另兩個日耳曼民族的主要居住地區。我們可以從這些來源探索日耳曼人對盧恩符文的魔法運用。然而，這些實踐的全貌並沒有留存下來，我們只能視需求，並仰賴對魔法的直覺來填補細節。

在本指南中，你將從日耳曼魔法世界觀的架構裡了解盧恩符文的歷史及其意義。然而，其中描述的做法並不是要用來代表如阿薩特魯、希特里或北方傳統異教等現代日耳曼異教徒的靈性體系。相反地，這份入門指南將以更廣泛且兼容並蓄的技術實踐觀點來探討盧恩符文。

我們假設讀者有最基本的魔法體驗,但這並非從這些資訊中獲益的必要條件。你將會學到基本的盧恩魔法與占卜技術,以及盧恩符文的占卜意義與魔法運用。

(這本指南使用的是古弗薩克盧恩符文——已知最古老的盧恩字母,但你從本書中習得的知識可運用在任何系統的盧恩符文中。)

隨著你的閱讀並嘗試使用當中的資訊時,務必要與你的直覺保持連結,因為這是在任何魔法形式中真正能發展個人技能的唯一途徑。請好好享受,倘佯在盧恩符文世界的旅程!

第一部分

# 盧恩符文是什麼？

## WHAT ARE RUNES?

# 耳語、祕密與奧祕

　　盧恩符文無可否認地具有神祕的性質。作為符號，它們對未經訓練的人來說意義不大（如果有的話），但它們似乎仍暗示著某種古老的神祕意義。而且儘管某種程度上我們可以透過學習和運用盧恩符文來解開它們的奧祕，但即使是對於其魔法性質和占卜意義最熟練的學習者也會發現，永遠都有更多可以探索的地方。

　　這些古代文字本身就有些深奧。這從今天的字典中所找到的「盧恩符文」一詞的含義來看也很明顯，即使它們主要被視為字母和占卜符號，但盧恩符文也被定義為「奧祕」、「魔法」，甚至是「法術和咒語」。

　　英文的「rune」（盧恩符文）一詞來自古北歐語的單字「runa」，意思是「祕密」或「耳語」。然而，我們也在幾種古老的北歐語言和日耳曼及凱爾特文化中找到一些與「rune」相關的單字，而這些單字都有類似的詮釋：古老的北歐單字 rún，意思是

「祕密」或「奧祕」；古愛爾蘭的 rún 和中古威爾斯語的 rhin，也可以譯為「奧祕」、「祕密」或「耳語」；而蘇格蘭的單字 roun，意思是「低語」或「經常談論某件事」。

英文花楸樹（the rowan）被認為是魔法樹，字根來自北歐文 runa。遍及北歐的歐洲花楸樹長久以來都是各種魔法傳統的聖物，而且被廣泛用於保護。它有許多通俗的名稱，包括「盧恩符文樹」和「耳語樹」。

有些學者發現，「盧恩符文」一詞甚至可追溯史前時代至原始印歐語（Proto-Indo-European），而人們相信原始印歐語是許多古老語言的前身。這些語言根源早於盧恩字符在書寫上的運用，這表示盧恩符文早在成為書寫系統之前就屬於神祕和魔法的世界。事實上，正如同我們將在本指南中見到的，和這些古老符號過去和現在仍能做到的事相比，用於一般溝通對它們而言只是雕蟲小技。

在以下的討論中，我們將簡單了解一下已知的盧恩符文史，包含它們的起源和作為書寫系統的演化、在古日耳曼文化中的世俗和魔法運用，以及它們在北歐基督教化期間的命運。接著我們將透過它們在古代北歐文獻中的現身來探索盧恩符文更深奧的領域。最後，我們將認識古弗薩克盧恩符文，這是已知最古老的盧恩字母，也是今日盧恩符文工作者和其他魔法師最常使用的盧恩符文。

# 古老的發明：
# 盧恩符文如何誕生

　　我們知道它們作為書寫系統或「字母表」是人類史上較近代的發明，在西元前約1700年才出現。在此之前，就已經有如象形和會意文字等符號形式的書寫溝通方式，用來代表物品和抽象的概念，而不是用來大聲將文字念出的語音。

　　其中許多符號已在歐洲洞穴和石刻上發現，有些可追溯至非常久遠的一萬兩千年至一萬七千年前。在瑞典和其他的斯堪地那維亞地區，在這些石刻上的許多符號已被視為後來融入盧恩符文書寫系統的「前盧恩」符號。（其他來自這時期的符號，例如太陽輪和十字架，並沒有被納入盧恩字母中，但仍被視為具有魔法上的意義）。

隨著古代社會的發展，貿易的擴張已遠遠超出當地社區的邊界，經濟變得日趨複雜。透過貿易和遷徙交流的不同文化將新的文字帶入他們的語言中，但卻沒有相應的象徵。基於以上等種種理由，書寫字母開始取代表意文字。

這個過程始於古埃及，人們創造出一種比象形文字系統更有效率的書寫方式，即用字符代表聲音而非物品或概念的字母系統。最終從這以字母為基礎的新系統中演化出腓尼基字母（Phoenician alphabet），後者在標準化後傳播至北非的其他地區，並穿越地中海來到南歐。

腓尼基字母因而衍生出古希臘字母（實際上「alphabet」（字母表）這個字就是透過結合希臘書寫系統的前兩個字母：alpha 和 beta 而來）。而希臘字母後來又受到義大利半島的伊特拉斯坎文明（Etruscan civilization）的改動。該歐洲地區也出現了其他幾個源自希臘的字母系統，並通稱為「古義大利字母」（Old Italic）。人們相信日耳曼部落的盧恩字母就是這些字母系統之一，即通常稱為「北斜體」（North Italic）的字母所創造的。

北斜體的起源說尚未獲得所有學者的一致認同，但這是目前現有理論中看似最合理的。儘管義大利與斯堪地那維亞完全不接壤，但仍找到不少留存下來的盧恩符文使用證明，顯示日耳曼部落曾居住在中歐的阿爾卑斯山區，即伊特拉斯坎商人建立貿易路線

的區域。在可追溯到西元前300年左右的該地區頭盔上發現了以上兩種文化混合的證據，即上面刻有榮耀日耳曼諸神的北斜體文字。

從那時到公元一世紀之間的某個時刻，某種形式的古義大利字母與幾個前盧恩符文的符號融合，形成第一個盧恩符文「字母表」，目的是用來展現日耳曼語的發音。於是這新的系統就這樣一個部落一個部落地傳遍整個日耳曼地區，一直到北海岸和斯堪地那維亞更遠的地區。

# 訊息與魔法

隨著盧恩符文系統融入日耳曼文化，人們早在西元一世紀便開始將這些符號用於各種銘文中。從長矛、盾牌、石刻和巨石等文物，我們知道盧恩符文已用於多種目的，其中也包括魔法。

銘刻在武器和珠寶上的盧恩符文讓這些物品變成了護身符。紀念石上的雕刻是為了紀念逝去的人，很類似現代的墓碑，但更直接的目的是為了讓死者能平安地進入來世。部分雕刻由我們今日可能視為法術的元素所構成，例如魔法公式、祈禱、符咒和魔法符號。

至於占卜（今日盧恩符文的主要用途之一），有證據顯示至少有部分的古日耳曼人會將盧恩符文用於這項目的上。最常被引用的文獻來源包括羅馬作家塔西佗（Tacitus），他在他西元一世紀的著作《日耳曼尼亞志》（Germania）中描述了占卜的程序。

試圖從無形領域尋求答案的人們，會將符號刻在從果樹樹枝上切下的木條上。接著將刻有符號的木條撒在一塊白布上。符號的解讀者一邊「朝天」，一邊挑選三個木條，以確保在神靈的指引下隨機選擇木條。公開舉行的占卜是由社區祭司進行解讀。而在私人的解讀中，則由身為一家之主的男性選擇和詮釋符號象徵的意義。

有些學者對於這是否真為盧恩符文占卜抱持著懷疑態度，因為塔西佗並未稱這些符號為「盧恩符文」，而且在他寫作時，盧恩符文系統可能尚未發展成熟。另一個文獻來源：西元九世紀由基督教作家林伯特（Rimbert）所著的《Vita Ansgari》含有可能涉及盧恩符文的斯堪地那維亞占卜記述，但林伯特使用的詞是「抽籤」。

然而，「抽籤」實際上是不同種類的占卜，抽籤過去用於為北歐部分地區的社區成員分配土地，而不是用來探索隱藏的知識。因此可能林伯特和在他之前的塔西佗只是沒有使用日耳曼人本身會使用的術語。無論如何，在盧恩字母的使用遍及整個日耳

曼的土地後，人們相信此時的盧恩符文已融入早已存在的占卜習俗中。

在後來的幾世紀，盧恩符文也用於世俗的書寫目的，例如與商業和法律相關的文件，以及個人訊息，包括情書！許多訊息會被刻在木棍上，並由人們相互傳遞，直到抵達目的地為止。盧恩符文直到西元十四世紀左右才以書寫形式出現在真正的羊皮紙上。

然而到了這個時期，基本上已經由拉丁字母接手，幾乎沒有留下以墨水和羽毛筆書寫盧恩符文的證據。

儘管如此，人們仍將盧恩符文用於書寫，而且這樣的做法在偏遠的斯堪地那維亞地區甚至仍持續至二十世紀。其他非魔法的用途也同樣持續著，例如盧恩曆——通常刻在木頭或骨頭上的萬年曆，在十八世紀之前，這都是斯堪地那維亞的居家用品。

儘管基督教在十一世紀來到北歐，但日耳曼當地的魔法習俗仍繼續著，在某些地方還持續數百年之久。在冰島，十六至十七世紀編纂的魔法書《Galdrabók》也包含盧恩符文的運用。在現今德國的黑森林地區，盧恩符號仍持續融入有著魔法設計的農場建築中——1800年，隨著德國移民到美國，也帶去把魔法象徵符號和實際結合的手法。

但整體而言，十五世紀的基督教化即便沒有將整個歐洲的本土宗教傳統完全消滅，也促使了這些傳統的地下化。至於盧恩符文的魔法意義對教會來說顯然很明顯，因為它們在中世紀一再被禁止使用。儘管如此，盧恩符文仍是集體日耳曼精神結構拒絕完全消失的一部分。

# 盧恩符文的復興

所幸盧恩符文時期的神祕石刻和其他遺跡不久便引起了斯堪地納維亞地區學者的注意。1600 年代，約翰內斯·伯勒斯（Johannes Bureus）遊遍瑞典收集並記錄盧恩銘文，而且撰寫了三本關於盧恩符文的著作。儘管伯勒斯是自認為基督徒的學者，但他也對學習這些符號的魔法意義感興趣，最終還創造出融合了正宗日耳曼本土盧恩符文知識與基督教版卡巴拉的魔法系統。一些其他的學者也在同一時期對盧恩符文進行探索，但直到十八世紀末和十九世紀初的歐洲浪漫主義時期，盧恩符文才真正有機會「復興」。

在此期間，人們正重新燃起對日耳曼本土民間傳說和文化的興趣，瑞典的哥德聯盟（Gothic League）就是證明，該聯盟試圖透過經常出現盧恩符文的古代斯堪地納維亞文學，重新連結基督教興起之前的世界觀。在更南方的地區，雅各與威廉·格林兩兄弟（Jacob 和 Wilhelm Grimm，以童話聞名）開始收集古代日耳曼的民間故事，而威廉對於揭露該地區使用盧恩符文的歷史特別感興趣。

透過以上種種努力，日耳曼民族的異教傳統被提升至學術研究的層次，不再被視作對基督教生存的威脅。這樣的轉變為十九世紀末和二十世紀初期的日耳曼「文藝復興運動」（亦稱為「泛日耳曼主義」）提供了條件，在這段期間，一些現代的神祕主義者和術士確實依據盧恩符文最初的魔法目的，努力讓盧恩符文重新復甦起來。

在這次盧恩符文復興中，最廣為人知的人物是多產的奧地利作家兼神祕主義者圭多·馮·李斯特（Guido von List），他的研究使他創造出一種新的盧恩字母，稱為阿瑪尼（Armanen）符文。李斯特相信這些盧恩符文是最古老的日耳曼字母，因為這是當他從讓他暫時失明的白內障手術中恢復時，直覺地浮現在他腦海中的字母。

後來已證實阿瑪尼符文絕對是現代改編的符文，但這並未削弱李斯特在德國和奧地利盧恩符文研究的影響力，而至今仍有許多異教徒還在使用他的阿瑪尼符文。在李斯特於1919年逝世後，與他相關的祕教團體依舊活躍，因為該地區仍保有對日耳曼歷史與宗教的興趣。

　　遺憾的是，更廣大的泛日耳曼運動助長了德國民族主義的發展和納粹黨的崛起，而納粹黨基本上在他們的象徵中借用了盧恩符文。不符合納粹意識形態的盧恩符文使用者和神祕主義者會遭到取締，而且往往會被處決，而納粹透過他們可怕的行動繼續破壞盧恩符文和日耳曼異教在當時獲得的正面聲譽。所幸日耳曼神祇、魔法傳說和盧恩符文後來被納入歐洲範圍相當普遍的其他祕教運動，融合了來自整個古代世界的神祕元素。

　　終於到了二十世紀末，隨著多種形式的新異教主義（包括威卡教）開始在歐洲和北美迅速傳播，盧恩符文開始引發英語系術士的關注。最早用英文出版盧恩符文介紹的是1983年的拉爾夫・布魯姆（Ralph Blum），以及緊接著在1984年發表著作的史蒂芬・弗拉沃斯（Edred Thorsson）。

　　這兩位作家在祕教的原理和對歷史準確性的關注上截然不同，弗拉沃斯的著作以異教斯堪地那維亞的文化架構為主，而布魯姆基本上是透過基督教和東亞影響的視角，完全以直覺的方式

理解盧恩符文的意義。當然，在現代，盧恩符文（連同一般的日耳曼異教）一直是許多作家、學者、新異教徒和其他神祕主義者感興趣的話題，有時甚至在許多作家和學者之間引發激烈的爭論，幾世紀以來都是如此。

這簡短的概述總結了我們從可用的歷史資料中，對盧恩符文的起源和發展的了解。我們知道，在符文發展為書寫系統之前，符文就含有深奧的意義。而魔法的運用，具有比盧恩符文書寫系統的發展更久遠的歷史。

畢竟如前所述，「盧恩符文」一詞的詞源實際上比古代日耳曼民族使用的語言還要古老。

確實，根據北歐神話，盧恩符文從一開始就存在——甚至在眾神誕生之前。現在讓我們來看看那些遠古時代留下的故事，以及我們該如何從中理解盧恩符文的神祕與魔力。

# 永恆的符號：北歐神話中的盧恩符文

　　儘管整個日耳曼部落居住的歐洲地區都在使用盧恩符文，但我們今日擁有關於其神話起源的唯一書面記載來自北歐地區。比起歐洲大陸的其他地區，由於基督教化和本土宗教的根除晚了幾世紀才發生在最北方的地區，因此斯堪地納維亞人比南方地區有更多的時間以書面形式保存他們的歷史和信仰。

　　關於北歐神話和宗教的原始資料大多來自冰島，而且是以故事和詩歌集的形式流傳幾世紀，最終在西元九世紀和十四世紀之間被記錄下來。最重要的兩個來源是《散文埃達》（*Prose Edda*）和《詩體埃達》（*Poetic Edda*）——講述日耳曼神系的男神和女神們的故事和詩歌。其他如歷史著作和傳奇等資料也闡明了古代北歐人的世界觀。

不同於北歐諸神，甚至是世界本身，在記載的神話中，盧恩符文並沒有起源故事。也就是說，沒有特定的存有或力量創造盧恩符文的故事。相反地，盧恩符文是永恆的——它們一直都存在，就像在宇宙其餘部分形成之前就存在的火（穆斯貝爾海姆 Muspelheim）和冰（尼福爾海姆 Niflheim）這兩個原始世界。

盧恩符文含有宇宙的祕密，理解其含義的人就能一窺其中的奧祕，甚至加以運用。在這方面，它們有點類似於後來的魔法和占卜系統，如卡巴拉、赫爾密斯原則（Hermetic Principles）和塔羅牌：我們可以從了解它們的過程中獲益良多，並加以展現，但它們仍然是神祕的。無論我們研究多長的時間或多麼勤奮地研究，它們永遠不會透露所知的**一切**。

# 命運與諾恩三女神

對盧恩符文的神話探索，或許最好從名為世界樹艾格德拉賽（Yggdrasill）的巨木開始。這棵樹位於宇宙的中心，用根和樹枝將北歐宇宙的九個世界相連，一般認為是白蠟樹，但有些學者認為是紫杉。萬物透過艾格德拉賽而相連，而艾格德拉賽經常被稱為「世界之樹」。

在世界樹底部有烏爾德之井（Well of Urd），亦稱為命運之井，這是個無底的水池，據說眾神會在這裡舉行祂們的日常會議。諾恩三女神（Norns）也會現身在烏爾德之井，而祂們是巨人（名為 jötnar）王國的女性神祇。諾恩三女神細心照料世界樹，保護樹的根部，並用烏爾德之井的聖水灌溉。

據說諾恩三女神會編織命運的掛毯，而所有人類，也包括神祇的命運都交織在其中。隨著諾恩三女神紡織、編織和切斷命運之線，祂們比北歐神話中的任何其他存有都更能影響大小事件的進程。除了編織以外，祂們也會將盧恩符文刻在世界樹的樹幹上。盧恩符文的意義或意圖會透過樹幹向上傳至樹枝，進而影響到九大世界的一切及居住在其中的生物，也包括中土（Midgard），即人類的世界。

這個形塑宇宙命運的任務歸屬於三個名叫諾恩的女神——烏爾德（Urd）、薇兒丹蒂（Verdandi）和詩蔻蒂（Skuld），據說祂們是姐妹。（還有其他版本的諾恩女神，開頭沒有大寫，據說會在每個人類誕生時出現並影響或編織他們的命運。）諾恩三女神的名稱來自古諾斯語，可概略譯為過去、現在和未來的概念。烏爾德（大姐）代表「曾經的事物」、薇兒丹蒂（二姐）代表「正在成形的事物」，而詩蔻蒂（小妹）代表「未來可能的事物」。

使用盧恩符文進行占卜至少有部分是由於它們與諾恩三女

神——命運的編織者和時間的神話體現有關。然而，北歐宇宙中的「命運」與「時間」的概念和現代文化中通常的定義不太一樣，而在使用盧恩符文進行占卜時，了解這點是非常重要的。

說到時間，北歐的概念是週期性的。因為時間總是處於更新的過程中，而非絕對線性。隨著現在漸漸流逝，也造成了「新」的過去，而這表示過去絕不會保持不變。同樣地，現在發生的事也會影響未來，而未來不會獨立於過去或現在而存在。另一組略為不同的諾恩三女神名稱翻譯闡述以下的概念：「已經成為的」（烏爾德）、「正在成為的」（薇兒丹蒂），和「應成為的」（詩蔻蒂）。「應成為」和「即將成為」並非同一件事，因為未來在實際成為現在之前並無法百分百確定。

同樣地，無論諾恩三女神在一個人出生時為他編織了什麼樣的命運，我們所謂的「命運」都不是絕對的定局。儘管在古代北歐故事中，人們相信諾恩三女神會帶來幸運和悲慘的情況，但一個人（或神）可以學會主導正在發生的事件並適應不斷變化的環境，以盡可能降低風險或增加好運。

不同於古希臘認為無論神（凡人）如何避免，終究還是逃不過既定命運的概念，北歐認為現在可以影響未來。因此，儘管我們無法完全掌控發生在生活中的每一件事，但我們在改變自己的命運上也不是全然無力的。

這對盧恩符文的解讀來說相當合理：如果無法影響未來的結果，那最初何必占卜，或是使用任何形式的魔法？

# 奧丁的探索

儘管諾恩三女神一直都在使用盧恩符文，但其他神祇並無法取得這些魔法符號，因此人類也無法取得，直到奧丁透過自我犧牲的重大考驗來找到它們。

奧丁是北歐神話的中心人物，也被稱為「眾神之父」，因為祂是所有神祇和人類的父親。和這些神話中的其他神祇不同，嚴格來說，奧丁並不屬於北歐地區。其他的日耳曼部落稱祂為沃坦（Wodan 或 Wotan）。對盎格魯－撒克遜人來說則是沃登（Woden），而且似乎主要是性格相當凶殘的戰神。然而，在十世紀以古英文寫成的《九草藥護符》（*Nine Herbs Charm*）中提到沃登使用神奇的草藥來殺蛇，因此祂除了在戰役中衝鋒陷陣以外，似乎至少還有一種其他的角色。

北歐的奧丁同樣具有多種技能，而且可能遠不止於此，只是沒有更多來自盎格魯－撒克遜人和其他日耳曼部落的書面紀錄，因此無法確定。儘管如此，奧丁不只是戰神以及眾神和人類之

父，祂也和死亡及來世、占卜、靈感、智慧、療癒、詩歌、哲學，當然還有魔法有關。

奧丁有許多動物護持，其中兩個是名為福金（Huginn，「思想」）和霧尼（Muninn，「記憶」）的渡鴉。這些渡鴉會飛遍世界，並將資訊帶回給奧丁，讓祂獲得無法從其他方式取得的知識。福金和霧尼僅是奧丁渴求知識（尤其是奧祕的知識）的其中一個例子。有兩個故事可以具體說明祂為了贏得智慧與知識之神的名聲所願意付出的努力。

在第一個故事中，奧丁想飲用密米爾之井（Mimir's Well）──亦稱為「智慧之井」或「智慧之泉」──的水。由於每日飲用泉水，密米爾是比任何人都更了解宇宙的神祇。祂跟奧丁說，只要祂能捨棄其中一隻眼睛，祂就可以飲用泉水。奧丁照著做了，成為「獨眼神」，但也因為這樣的犧牲而獲得許多智慧。

在第二個故事中，奧丁聽到有人談論盧恩符文，因此希望探索並了解其中的奧祕，因此祂前往盧恩符文所在的烏爾德之井。然而，盧恩符文是極為強大的魔法與知識來源，因此不隨便向任何人揭露，即便是神也一樣。奧丁知道，為了贏得盧恩符文的尊重，祂將必須再度做出犧牲。這一次，祂用劍刺穿自己，將自己倒吊在世界樹的一根樹枝上，倒看著烏爾德之井。受傷的祂在那裡倒吊了九天九夜，而且不讓任何其他的神為祂提供水、食物，

或任何其他的協助。最終，盧恩符文的形狀和祕密從下方的水面向祂顯現。

　　這個故事經常被引用作為薩滿啟蒙的例子，即一個人（或是像這個案例裡的神）用歷經嚴苛的對待身體或心理考驗來獲得奧妙的知識。在世界各地的異教文化中均可見到的薩滿巫師是智慧的守護者和治療者，他們可前往無形的存在位面，為他們團體遇到的問題尋找解答。而這種能力只能透過自我犧牲的轉化體驗取得，經常涉及隱喻的身體「肢解」，就如同密米爾之泉故事中奧丁的眼睛。

　　在盧恩符文的例子中，奧丁讓自己歷經了身體上的痛苦、剝奪，以及心理上的孤獨（吊在樹上九天九夜），並轉化為盧恩符文的知識。在記錄這個故事的《哈瓦馬》（Hávamál）詩集中，奧丁講述在祂自烏爾德之井當中取出盧恩符文後，祂「有所成長且充滿了智慧」，發現祂此時可施展非凡的魔法。祂可以運用新的魔法知識來幫助自己和他人逃離危險、打敗敵人、從受傷和疾病中痊癒，甚至是找到愛情。

# 盧恩符文的奧祕

　　在所有的北歐文學中，盧恩符文都被描繪成強大且甚至具有潛在危險的魔法工具。要探究它們的奧祕確實不容易，正如我們從奧丁在烏爾德之井的考驗所見，而盧恩符文也不容易理解。

　　奧丁或許在某種程度上可以說是立即取得了盧恩符文的知識（即在自我犧牲九天九夜後），但祂是神，而且是智慧之神。若是「凡人」，似乎至少需要一定程度的學習和訓練，以及施作魔法的特殊才能。那些追求這些知識並成功應用的人被稱為「盧恩符文大師」（runemaster），而且在北歐文明中受到極大的敬重——尤其是在維京時代。

　　我們在名為〈Rigsmál〉的埃達詩歌中看到了這點，詩裡講述人類社會的「三個階級」（農奴、自由農民和貴族）是如何形成的。從此可看出貴族身分和盧恩符文的掌握之間存在著密切的關聯。雷格（Rig）神，更常被稱為海姆達爾，是每個階級第一個孩子——薩爾（Thrall），第一個農奴（或奴隸）；丘爾（Churl），第一個自由農民；以及厄爾（Jarl 或 Earl），第一個貴族——的父親。

在厄爾到了學習盧恩符文的年紀時，雷格教他盧恩符文。厄爾後來又生了幾個兒子，但這首詩講述只有最小的兒子——稱為「Kon」或「King」（國王）——認識盧恩符文。這樣的知識和透過魔法行動實踐的能力，為這個兒子在他的貴族家庭中賦予特殊的地位。

《沃爾松格傳奇》（Saga of the Volsungs）的史詩中經常提及盧恩符文，而且它們在某些情節中扮演著重要角色。在某一章中，我們更深入了解「學習盧恩符文」的實際含義，因為女武神布倫希爾德（Brunhilde）將盧恩符文傳授給凡人英雄西格德（Sigurd）。

西格德至少已從他的養父身上學到一些盧恩符文的知識，但布倫希爾德懂得更多，而且會根據情況詳細說明不同種類的盧恩符文，包括魔法用途和雕刻方式。例如，為了確保海上航行的平安，她教西格德製作「海浪符文」，並在槳上焚燒。會依用途將幾種不同的符文組合在一起，例如「勝利符文」、「演說符文」，以及「治癒符文」。現代的盧恩符文大師仍遵守這些魔法分類。

北歐故事也警告人們，如果使用不當，盧恩符文的力量可能會造成意外傷害，無論是用於書面溝通還是魔法。《沃爾松格傳奇》中的另一個故事，講述由一位皇室成員顧得倫（Gudrun）向她的兄弟們傳達可能會被背叛的警告訊息。結果訊息被攔截，盧恩符文遭到竄改，變得像是顧得倫要邀請她的兄弟來訪。其中一

位兄弟的妻子審視了訊息，她有能力看到更改符文下方的原始訊息。她警告她的先生不要離開家，並說：「如果你以為你的姐妹邀你前往，那表示你不是很擅長閱讀盧恩符文。」

在《埃吉爾傳》（Egill's Saga）中一個被廣泛引用的故事裡，英雄埃吉爾拜訪一名病重的婦女，在她的床邊發現一塊刻有盧恩符文，試圖用來治癒她的鯨骨。但雕刻的人並不擅長盧恩魔法，而這實際上讓她的病情惡化了。埃吉爾想必是對盧恩符文更有天賦的維京詩人，他在一塊鹿角上刻上正確的符號，並留在這位婦女的床下，而她幾乎立刻就痊癒了。

光是認識盧恩符文並能清楚地刻上符文，似乎就受到了高度的重視，彷彿只要將符號以立體的方式展現就是強大的行為。我們可以從許多北歐古代的盧恩銘文中觀察到這點，我們可以從這些銘文中辨識雕刻符文者，即使訊息本身與盧恩符文大師幾乎無關。這在作為死者紀念碑的立石上很常見，通常寫著「奧爾森雕刻這些符文以紀念 _____」。

這類石頭上的訊息可能會也可能不會提供死者的姓名和／或生平資訊，但幾乎總是可以找到盧恩符文雕刻師的名稱。即使是在今日我們視為「塗鴉」——相當於「卡爾到此一遊」的銘文中，訊息中也強調了雕刻盧恩符文的行為。例如，在奧克尼群島（Orkney Islands）發現的一則匿名銘文寫著：「這些符文是由西海

最擅長盧恩符文的人雕刻而成的。」另一則在挪威某座教堂的銘文寫著：「托里爾（Thorir）在奧勞斯彌撒（Olaus-mass）前夕經過這裡時雕刻了這些符文。諾恩三女神非常辛勞，為我創造了好運和厄運。」

　　如我們所見，盧恩符文具有重大的象徵意義和神奇的力量，是古代北歐文化不可分割的一部分。現在我們很快將深入探索盧恩符文在魔法和占卜中的運用，但首先讓我們花點時間了解一下將在本指南中使用的特定符號。

# 古弗薩克文

一般而言，當談到「盧恩符文」時，可能指的是今日已知的一種或多種不同的盧恩文字（又名字母表）。與英文字母不同，盧恩符文沒有單一標準化的通用符號。

這是因為隨著日耳曼民族持續擴散至西歐和中歐的新領土時，最早的盧恩符文所代表的語言──稱為「原始日耳曼語」（Proto-Germanic）──最終分裂成不同的地區方言。隨著這些方言變得和最初的原始日耳曼語越來越不同，最早的盧恩字母，即今日所稱的古弗薩克文，也為了因應新演化語言的需求而有所變化。在各種盧恩符文中新增了代表語言中新發音的符文，現有的發音也以新的盧恩符號來表示，也有些符文完全被刪除。

目前尚不清楚這幾世紀以來在日耳曼土地上究竟存在多少不同的盧恩字母，但在西元五世紀至十二世紀之間，有兩種自古弗薩克文流傳下來的版本被廣泛使用。菲士蘭（Frisia，現今的丹麥和部分德國地區）發展出盎格魯薩克森弗托克文（Anglo-Saxon Futhorc），並隨著日耳曼部落的移民傳播到英國。到了八世紀，新弗薩克文（Younger Futhark）取代了斯堪地納維亞的古弗薩克文，而這就是維京時代使用的字母。

今天的新異教徒、魔術師和其他盧恩符文使用者可能會只使用其中一種系統的符文，也可能使用不止一種，做法因人而異。也有許多人會使用較不知名的盧恩字母，例如哥德和中世紀盧恩符文，或是上面討論的阿瑪尼符文。在實行巫術的人當中，也流傳著一套現代的「女巫盧恩符文」（Witch's runes），靈感來自古代的盧恩符文，但和真正的盧恩字母幾乎沒有相似之處。

為了簡單起見，這份指南將只著重古弗薩克文，畢竟這是「原始」的盧恩符文，而且在購買現成的盧恩符石組時，這也是最能廣泛取得的版本。這並不表示新弗薩克文和盎格魯薩克森弗托克文就沒有相同的力量且不值得研究。最終你可能想採用這些系統之一，或是哥德或阿瑪尼符文。如果是如此，那麼本指南仍將為你提供值得開始探索盧恩符文的寶貴資訊。

以前六個符文命名的古弗薩克文由二十四個符號組成，每個符號都代表一種原始日耳曼語的發音。但如果仔細觀察古弗薩克文的結構和組成，就會發現它們早在演化成書寫字母之前一直存有的魔法本質：

## 弗瑞雅族（Freyr's Aett）

菲胡
Fehu

烏魯茲
Uruz

日理沙茲
Thurisaz

安蘇茲
Ansuz

萊多
Raidho

開納茲
Kenaz

給勃
Gebo

溫究
Wunjo

## 海姆達爾族（Hagal's Aett）

哈格拉茲
Hagalaz

瑙提茲
Nauthiz

伊薩
Isa

耶拉
Jera

艾瓦茲
Eihwaz

佩索
Perthro

埃爾哈茲
Elhaz

索維洛
Sowilo

## 提爾族（Tyr's Aett）

提瓦茲
Tiwaz

貝卡納
Berkana

依瓦茲
Ehwaz

瑪納茲
Mannaz

拉古茲
Laguz

殷瓦茲
Ingwaz

達嘎茲
Dagaz

歐瑟拉
Othala

首先，這些字母的名稱具有實際意義，例如「禮物」（給勃 Gebo）、「太陽」（索維洛 Sowilo），以及「水」（拉古茲 Laguz）。相較之下，大多數其他歐洲字母表中的字母名稱是不具意義的。（有兩個例外是希伯來語和稱為歐甘 Ogham 的古愛爾蘭字母表，這兩種字母也被用於祕教用途。）

　　盧恩符文的名稱來自使用者的日常經驗。如牛、火炬、馬和樹木等物體都出現在盧恩符文中，而如水、冰和太陽等自然現象也是如此。如力量、需求和喜悅，以及包括提爾（Tyr）和殷格（Ing）等神聖力量的無形體驗，也被納入符號系統中。

　　但這些名稱應用在占卜和其他的魔法形式時未必是字面上的意思，大多數時候，與符文相關的意義來自隱喻和祕教的聯想。例如在大多數情況下，畫出依瓦茲（Ehwaz）這個符文不太可能是指實際的馬，而是象徵忠誠和信任的特質，即馬和騎馬者之間需要的關係，但也可能指移動或旅行。

　　達嘎茲（Dagaz，「黎明」）與一天的時間無關，而是代表突破、轉化和希望。就這樣，每個符文名稱都可作為人類思想與代表符文神聖智慧的空靈領域之間的橋樑。在思索符號本身及其名稱含義的同時，我們已經開始了解每個符文的能量。

　　其次，古弗薩克文分為三組，每組有八個盧恩符文，統稱為 aettir（古北歐語的「家族」）。這種安排的起源尚不清楚，而

且許多刻有完整古弗薩克銘文的工藝品會將盧恩符文排成水平的一排，而不是三排各八個符文。但也有其他的銘文顯示上述的配置，幾世紀以來，這三個族已衍生出許多祕教的含義。

每個 aett（或稱「族」）以與行中第一個符文相關的神命名。從菲胡（Fehu）開始的第一行稱為弗瑞雅族（Freyr's Aett，有時稱為「弗雷族」Frey's Aett）。從哈格拉茲（Hagalaz）開始的第二行是哈加爾族，雖然因為哈加爾神鮮為人知，有些人會將這歸類為海姆達爾（Heimdall）族。從提瓦茲（Tiwaz）開始的提爾族（Tyr's Aett）構成第三行。

這樣的區分讓人更容易學習和記憶盧恩符文的名稱和形狀，同時也創造出符文運用於魔法的關係模式。例如我們可以觀察烏魯茲（Uruz）、瑙提茲（Nauthiz）和貝卡納（Berkana）（每族中第二個盧恩符文）之間可能存有的關聯。

烏魯茲（Uruz）是代表蠻力的盧恩符文，而瑙提茲（Nauthiz）則代表強烈的需求。貝卡納（Berkana）被稱為誕生符文，包含字面上和象徵性含義。任何熟悉分娩的人都知道成功的分娩需要力量，但這種組合也可以用來說明需要產生新的想法，從而為計畫或企業提供強大的力量。符文之間的這些關係可以為符文解讀增加意義和背景，並真正增強魔法的效力。

盧恩符文的神祕學學習者也注意到，這些符文「家族」中的

每一個符文，都基於每個符文的含義而有個別的集體聯想。各族的聯想會因盧恩符文的傳統而異，但通常具有以下特色：弗瑞雅族象徵創造力，海姆達爾族與分裂和改變的力量有關，而提爾族代表與人類經驗有關的神聖力量。此外，盧恩符文的漸進順序很重要，因為人們認為每行中的符文與它們之前和／或之後的符文具有交互的象徵關係。

這在盧恩符文詮釋上的複雜度已超越本入門指南的範圍，然而，隨著對符文越來越熟悉和更頻繁的練習，你無疑會開始依據它們在古弗薩克文中的位置來感知各個符文之間的連結。

在某些方面，盧恩符文可以說與塔羅牌中的符號系統有相似之處。小阿爾克那（Minor Arcana）的四組似乎呼應了三個符文家族的主題安排，而大阿爾克那 (Major Arcana) 的刻意排序則讓人聯想到古弗薩克文的整體結構和由此產生的象徵關係。

事實上，有些人認為塔羅牌的靈感有部分來自盧恩符文，並對特定符文和牌卡進行了比較，甚至找到了相似之處。然而，這些可能的關係也已經超出本書的範圍。儘管這對於有塔羅牌經驗的人來說確實很有用，但這兩種系統的比較，實際上會分散盧恩符文學習者的注意力。

# 魔法與傳統

　　既然我們已了解這些稱為盧恩符文的符號如何用於書寫系統，以及它們在北歐神話中的神奇意義，我們已準備好探索它們在現代魔法和占卜中的運用。在第二部分中，你將了解使用盧恩魔法的基礎知識——從製作自己的符文、在法術中利用它們的能量，到透過盧恩符文的符號接收來自無形世界的訊息。但在我們繼續之前，探討後續資訊與古日耳曼盧恩符文大師的直接關聯程度很重要。

　　今日的威卡巫師和其他新異教徒實踐的許多當代「西方」魔法，可說是受到泛歐主義的綜合影響。赫密士主義、新柏拉圖主義、儀式魔法和其他通常被稱為西方神祕傳統的元素，以及來自世界各地的各種民間傳統和無數直覺的創新相互交織，在當今兼

容並蓄的祕教實踐者中創造了相當具有個人特色的魔法系統。

　　創造這些現代魔法融合的來源包括古埃及文本、古典魔典書和人類學證據，到家庭傳統和神啟的發現。涉及的魔法工具和材料也非常廣泛，可能包括儀式魔杖、瓶子和別針、水晶和草藥以及許多其他物品。簡言之，你今天學到的大部分魔法實行起來像大雜燴，無法明確地追溯到世界的某個特定地區。

　　相較之下，使用盧恩魔法的人則特別仰賴基督教傳入前日耳曼民族的魔法傳統——日耳曼民族隨著時間將盧恩符文傳承了下來。這些資訊大部分來自古代斯堪地納維亞的神話、文學和傳說，但也可以在日耳曼世界其他地區的神話片段以及歷史文本、考古發現和其他學術研究中找到線索。

　　當然，目前並沒有足夠的資訊可以完全準確地重建前幾世紀盧恩魔法的含義，因此直覺在現代實踐中也發揮了作用。然而，正如我們在更「主流」的魔法中所見，從其他文化中借用和合成不同信仰與實踐的做法，對大多數的盧恩符文使用者來說並沒有那麼普遍，他們寧可將自己的實踐牢牢地根植於日耳曼傳統。

　　這並不表示只有實行日耳曼魔法的人才能使用盧恩符文。這些符號的能量是宇宙性的，不論信奉什麼樣的宗教或遵循何種靈性道路，任何願意學習的人都可以加以利用。

本指南中的魔法作品旨在讓不熟悉盧恩符文起源的文化傳說和領域的人能夠理解，不應視為真實的歷史。但這確實取材自對傳統盧恩魔法的基本理解，而且可以作為想要了解更多日耳曼信仰和魔法實踐的人的起點。因此，現在讓我們懷抱著兼容並蓄的精神和對傳統的欣賞，看看可以如何利用這些古老符號的能量在日常生活中實現魔法。

第二部分

# 魔法中的盧恩
# 符文與占卜

## RUNES IN MAGIC
## AND DIVINATION

# 熟悉盧恩符文

正如我們在第一部分中所見，盧恩符文代表了人類在宇宙中體驗到的各個層面，包括有形和無形的層面。當談到魔法時，我們更深入地理解這個概念：每個盧恩符文的符號都體現了一種自然力量或能量類型，盧恩符文的使用者可以用來調頻，接著以各種方式運作。

盧恩符文的能量可用來傳送顯化的魔法「指引」，並接收來自靈性領域的訊息。就這層意義來說，盧恩符文的使用相當簡單，你可以選擇只熟悉一個或少數幾個符文，作為護身符或其他法術使用，而無須進一步探索。然而，唯有透過專注的學習和實踐，才能充分掌握所有符文的魔法可能性和占卜意義。

如前所述，無須具備北歐神話和／或日耳曼魔法的背景也能成功運用盧恩符文，但你在這些領域取得的任何知識當然都會有幫助。至少概略地介紹主要的北歐神話和神祇可協助你與這些符號建立一些基本的連結。

　　當然，再多的書本知識都無法取代經驗，因為給自己一些練習的時間也很重要，尤其在你才剛開始學習盧恩符文的名稱和意義時。一種行之有效的方法是每天學習和冥想一個符文，持續二十四天，這樣你就可以完全專注在該特定的符號能量上，而不會被其他的符文分心。

　　將當天的盧恩符文放在口袋或錢包中，盡量擺在看得見的地方，並在睡覺時放在床邊。你可以自始至終都使用古弗薩克文，或是每天早上直覺地選擇一個盧恩符文，並與每個符文度過一天。

　　在你了解每個符文的魔法重要性和占卜意義時，務必也要融入自己的直覺。腦袋上理解符號是一回事，但你在靈性上與每個符文的連結，最終會凌駕你從外部來源取得的任何資訊。

　　可試著單純地看著每個符文，並傾聽任何浮現的感受、語言或其他的印象。在這個過程中，有些盧恩符文可能會比其他的符文「釋出」更多的資訊。如果符文似乎還沒有意願要和你溝通也不必擔心，這一切都需要時間。畢竟即使是「眾神之父」的奧丁也必須等待九天九夜才能掌握符文，而且同時還要倒吊在樹上！

隨著你開始訓練自己專注在盧恩符文的形狀上時，你可能會開始看見這些符文出現在你的周遭，可能是樹枝形成的陰影、人行道上的裂縫，或甚至是雲層的形像。這是好的徵兆，表示你正在與盧恩符文的能量調頻，而宇宙正在提供你新的神聖溝通管道。你越常使用盧恩符文，就越能挖掘這些能量，並用你的魔法召喚它們。以下關於盧恩魔法和占卜的核心元素將為你提供絕佳的起點。

# 盧恩魔法：聲音、語言和符號的力量

　　符號永遠是全世界魔法系統的一部分，可以想成是以視覺而非口語的方式和宇宙溝通的工具。

　　符號幫助我們以相對簡單的形式表達複雜的想法，並在現實的無形層面上發揮作用，以體現我們的渴望。在日耳曼的傳說中，盧恩符號甚至早在成為書寫文字之前便用於廣泛的魔法用途。然而，在盧恩符文融入書寫系統後，它們的魔力甚至變得更加強大。

　　這是因為日耳曼人非常重視口語的力量。將想法大聲地說出來，就是以永遠無法逆轉的方式讓這個想法成真。因此失言可能會帶來嚴重的後果，無論是不是無心之過。當然，這在今日依然是如此，但在現代，我們往往可以透過道歉或澄清我們的意思來

抵消話語的影響。在過去，一旦說出的字句無論如何都仍是世界的一部分。

由於盧恩符文在過去沒有文字的社會裡提供了跨越時空傳遞言語的方式，它們確實非常強大。如今符號的魔力與語言的力量融合在一起，同時交織聲音的力量，在體內形成魔法振動。今日的盧恩符文使用者經常會念出或唱誦盧恩符文的名稱作為魔法實踐的一部分，正如下文所示。

# 現代魔法中的盧恩符文應用

選擇在傳統日耳曼實踐背景下學習盧恩魔法的人，可能會遭遇到古代北歐與我們自身世界觀之間的差異。一方面，北歐神話中的盧恩符文大師不會眼睜睜看著對威卡巫師和其他新異教徒所謂的「黑」魔法或「負面」魔法無動於衷。用於操縱人和對敵人造成傷害的盧恩法術很多，而且在許多情況下被視為是不可或缺的，但本指南提倡的是「不造成任何傷害」的現代魔法倫理。

另一個問題是，誤用錯誤的符文是否會產生負面或其他意想不到的後果，例如在第一部分中提到的埃吉爾和生病婦女的故事。事實上，任何種類的魔法都可能帶來意想不到的後果，這就

是為何在向宇宙傳達你的願望時，永遠建議先深思熟慮。然而，就使用「錯誤」的盧恩符文來說，比較可能發生的狀況是你的魔法無法發揮效用，而不是造成傷害。最重要的是你在施作魔法時專注在意圖上的品質。與其他任何的魔法工具一樣，必須存有個人的能量才能啟動任何盧恩符文的力量。

北歐文學也讓我們得知，古代的盧恩符文大師會根據使用的方式來辨別不同種類的盧恩符文。例如 **malrunes** 對於文字和語言相關的問題很有用，而 **hugrunes** 則和心智能力有關。

**Brunrunes** 用來確保海洋上的好天氣，這在維京時代顯然至關重要，而 **limrunes** 則用來治癒病患。

今日的盧恩符文使用者可能對任何特定符文的魔法目的有不同的理解（就像藥草、水晶和顏色的對應系統會有所差異），但在過去的一世紀以來，大家已有以日耳曼部落的傳說和文獻為基礎的普遍共識。你將在第三部分和本指南最後的對應表中找到每個符文的主要魔法用途。這些可以作為你盧恩魔法的框架，但如果你對任何盧恩符文的適當用途得出不同的結論，那麼請根據自己的直覺和經驗進行調整。

# 盧恩銘文

今日最廣泛使用的盧恩魔法形式，就是將盧恩符文用於魔法的銘文中。傳統上會將盧恩符文刻在物品上以製作幸運和保護的護身符。可以是個人物品，例如首飾、酒杯、錢包，或甚至是房子，任何你想用魔法賦予力量或進行保護的有價物品皆可。

盧恩護身符也可以用來實現特定的魔法目標，例如找到工作或吸引新的戀愛關係。在這種情況下會將盧恩符文刻在「尖物」上，通常是木條或樹皮，但也可以是石頭、金屬，如果有需要的話，甚至可以是紙張。雕刻是傳統的方法，但也可以將盧恩符文繪製在物品的表面上來製作護身符，前提是在繪製符文形狀時必須相當專注和謹慎。

與任何的魔法創作一樣，製作護身符的過程所涉及的能量是成功的關鍵。事實上，符文使用者往往會將護身符的製作融入儀式中，包括對符文進行雕刻和染色、念出或歌頌使用的符文名稱，以及對護身符物品進行象徵性的「誕生」和開光儀式。

　　盧恩護身符就像符文本身一樣，因具備魔法能量而被視為「具有生命」。它們可以永久保存，或是若刻在尖物上，一旦魔法目的實現，通常會透過焚燒或埋在地裡的方式，將它們從存在物中「釋放」出來。

# 盧恩符咒

　　最簡單的盧恩魔法銘文形式，就是一系列以水平方式雕刻成一行的盧恩符文。盧恩符文和出現的順序是根據魔法目標而刻意選擇的。

　　通常一個盧恩符咒至少會有三個盧恩符文，而且一般不會超過九個。以日耳曼傳統魔法為根基的盧恩符文使用者通常會使用奇數——3、5、7或9，但如果你對偶數產生共鳴，也沒理由避免使用偶數。

最重要的因素是你已仔細思考過所選盧恩符文的意義和魔法用途，而且以最能代表你魔法目標的方式排列。可將盧恩符咒想成是在為你想要的結果「敘說故事」，並記住，越多的盧恩符文未必相當於更有力的護身符。如果你添加的符文已超出能有效溝通意圖的負荷，很可能會讓效力變得極為「混亂」。

# 旅行護符

例如，你可以用以下的盧恩符文排成盧恩符咒來製作安全旅行的護身符：萊多（Raidho，騎馬）、烏魯茲（Uruz，力量）、依瓦茲（Ehwaz，馬）、開納茲（Kenaz，燈塔）。這個護身符的基本「故事」是在體力充沛且身體健康的情況下沿著明亮的道路前行。萊多和依瓦茲在魔法上都用於安全旅行，而擺放在中間的烏魯茲是代表力量和療癒的盧恩符文。開納茲代表光線、溫暖和照明，在許多盧恩字母中也普遍作為強化的作用。

# ᚱᚢᛖᚲ

　　上面的排序強調了開納茲向前的形狀，彷彿為旅人照亮前行的道路。然而，你也可以根據盧恩的魔法用途來創造更多的對稱性，將開納茲擺在萊多和依瓦茲之間。或是你可能決定不要納入開納茲，並且／或將烏魯茲換成代表某些其他對你的旅行來說很重要層面的盧恩符文。同時保留萊多和依瓦茲是很合理的，因為它們都和旅行相關，但或許有其他更適合你特定旅行的符文。

　　這個具體範例的基本原因是用數字四來代表穩定性，這可能是旅行時令人嚮往的品質。然而，如果你對奇數更有共鳴，你當然可以移去一個符文或加入另一個適合的符文。

　　這可能是整個過程中最有意義的環節——單純探索和考量你融入護符的盧恩符文意涵。在這麼做的同時，你也在鍛鍊你施作

的意圖，並強化魔法專注力，讓自己能夠堅持到底。這就是為何真的不建議尋找預先寫好的盧恩符咒並用於特定魔法目的的原因（儘管你可以自由使用上述的範例）。如果你不自行創造字母，你便無法深入參與構思的過程。

# 連結符文

相關的盧恩銘文形式稱為連結符文——以美觀方式將兩個以上的盧恩符文疊在一起。連結符文中的盧恩符文並非只是將個別不同的魔法力量以線性排列，而是形成單一的符號，融合並放大不同符文結合起來的魔法能量。

達嘎茲

提瓦茲 ×2

佩索×2

例如這個連結符文結合了三個用於療癒魔法的盧恩符文。中間的符文是達嘎茲（Dagaz），兩側是佩索（Perthro）。雙重的提瓦茲（Tiwaz）垂直穿過達嘎茲中央。可將這樣的圖案刻在蠟燭上、畫在紙上、用顏料畫在畫布上並掛在牆上，或是如下所述用於傳統的盧恩護符。將這些符文疊在一起後，最終結果如下：

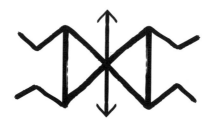

視個人的藝術能力而定，製作連結符文可能會比盧恩符咒更複雜，但這樣的嘗試是讓自己進一步熟悉盧恩符文及其個別能量的絕佳方法。當你想在「眾目睽睽之下」持續運作魔法，例如將個人物品變為護身符時，連結符文也很好用。對門外漢來說，連結符文通常看起來就像有趣的設計。

如同盧恩符咒，你應小心考量和選擇融入連結符文中的盧恩符文。剛開始最好只使用二至三個盧恩符文，才能好好了解符文彼此如何在視覺和能量上相互作用。就和盧恩符咒一樣，太多的盧恩符文很容易產生反效果，而且在這種情況下，很難辨設計中的個別符文。

至於排列的方式則往往採用最和諧的設計，但實用的經驗法則是確保中央的符文與你整體的魔法目標相關。例如，如果你要製作生育護符，將貝卡納（Berkana）、耶拉（Jera）或殷瓦茲（Ingwaz）擺在連結符文的中央會是一個好的起點。

　　連結符文中的盧恩符文可以逆向、側向、上下顛倒，或是以任何角度呈現，不必擔心一定要保持「直立」才能避免將「逆位盧恩符文」的能量傳至宇宙。你也可以如上所述，在設計中重複同一個符文不止一次。這就是連結符文有趣的部分，視覺上可以非常俏皮。而且隨著你的經驗越來越豐富，你可能會發現甚至有一、兩個符文你就是不想加進設計中！

# 創造盧恩護符

　　以下是單一目標魔法護身符的製作說明，可用於特定目標後再解除力量。如果你想將固定的物品變為護身符，只需依據物品的堅固程度和組成的材料適當修改說明即可。

　　如前所述，護身符的製作經常伴隨著儀式完成，因此請自在地以你通常展開儀式的方式開始這個程序，不論是要排一個圈、

祈請個人信仰的神靈，還是簡單點幾根蠟燭。我們將在後面介紹護身符「誕生」和開光的基本儀式，但在此我們只關注具體細節。

## 材料

如果要製作傳統的盧恩護符，你將需要將符文刻在上面的「尖物」、雕刻工具、刻好符文後用來染色的顏料、包裹護符的布，以及最好是天然材料製成的繩子或線，用來纏繞護符九次。

尖物可以任何天然的材料製成。如果使用木材，可考慮採用與即將進行的魔法用途一致的樹種（金屬，甚至是礦石也是一樣）。在某些傳統中，尖物會以從有生命的樹上採下的樹枝製成。

這可能是道德上有所爭議的主題，因為有些新異教徒會主張除非有必要，否則不應傷害有生命的植物，而且用掉落的樹枝一樣有效。然而，使用有生命的樹枝的人認為自己是遵循傳統，而且會小心取得樹的允許，並留下感謝樹有所犧牲的祭品。要如何取得尖物的木材由你自行決定，但不建議輕率地從有生命的樹上切下樹枝。

傳統上會用血和／或以石頭和土壤製成的天然染料為刻好的盧恩符文染色。（這由你自行決定，但絕不要以為運作魔法時必須讓自己痛苦。畢竟我們會將祖先實行的部分做法留到現代不是

沒有原因的。）你可以在網路上找到自行製作染料的教學，但如果你願意的話，也可以使用水彩或壓克力顏料（不建議使用油性顏料）。

　　古代的盧恩符文大師會使用紅色來增強雕刻符文的力量，但當代符文使用者結合了各種顏色系統來擴大魔法聯想的可能性。可以使用任何色彩，但使用紅色、綠色或藍色系可忠於古老北歐文化的精神，因為這是當時公認的三種符文色彩。

　　若說到魔法聯想，還有其他讓魔法施作更豐富的機會，例如使用生命靈數和時間。盧恩魔法已融入各種生命靈數系統，會依據符文在弗薩克文中的配置為每個符文分配數字。如果你在實行時結合生命靈數，這可能會是你在選擇護符符文時的額外考量。

　　至於使用的時機則可沿用一般的魔法準則：用於增加或吸引的護身符最好在上弦月期間製作，而用於驅逐或減少的則在下弦月期間製作最為有力。有些盧恩符文的使用者也會將相關的季節、星期幾，甚至是一天中的時刻納入考量。

### 程序

　　開始時，先將尖物翻過來，刻上要守護的人名（通常是你，除非是在當事人許可下為他人製作的）。用盧恩字母拼出人

名——可在本指南的最後找到英文字母轉換表。接著將盧恩符咒或連結符文刻在尖物正面（如前所述，如果不喜歡雕刻，也可以畫上符文）。盡可能發揮你精湛的手藝，製作出美觀的護符。

接著為尖物正反面的符文塗上顏色。在這麼做的同時，用念的或唱誦每個符文的名稱，並依據你的目標，觀想為尖物注入魔法能量。在整個過程中，專注地想著你的意圖，召喚盧恩力量助你實現意圖。在你進行時，符文的能量正在集結，並形成你對宇宙的特定請求。

# 啟動護符

在染料乾掉時，你已準備好用儀式啟動護符的魔法力量。視你個人的方法而定，這項儀式可以很簡單，也可以極其複雜。所有儀式的存在都是為了讓魔法師能夠專注與自然界的無形能量連結，因此請進行對你有用的儀式。你可能會想擺魔法圈、召喚與你合作的神靈（在此特別適合召喚北歐神祇）、使用蠟燭、焚香等。在此我們僅列出傳統盧恩護符儀式的基本要素：

· 靜下心來，花點時間觀想自己的魔法目標。

· 將護身符包在布中，用繩子纏繞九次。傳統的做法會將注入魔法能量的盧恩符文放置在「黑暗」中一段時間，讓力量增長，同時象徵新生命在子宮中發育。

· 將綁好的護符放置在聖壇或你的施作空間，向右（順時針方向）繞護符九圈。或是也可以將護符帶在身上。繞圈時，說出護符符文的名稱，以及／或你尋求的魔法結果。

· 將護符攤開，對護符吹氣，為護符賦予生命。你或許也想為它取個魔法名稱。

· 將護符對著燭火快速揮舞、撒上水和鹽，以及用薰香方式進行祝聖。

· 最後一次說明護身符的目的。這時的護符已啟動，而且已準備好施展魔法。視護符的大小和用途而定，你可以將護符留置在會常看到的地方、隨身攜帶，或是藏起來。

· 以適合個人操作的方式結束儀式。

· 在魔法目標實現後，可透過焚化或埋在土裡的方式釋放護符的力量。

# 其他形式的
# 盧恩魔法

　　護身符是盧恩魔法的主要內容，但現代的盧恩符文使用者也讓古代日耳曼世界的其他傳統習俗再度流行起來。

　　**Stadhagaldr** 亦稱「盧恩瑜伽」，是用身體來創造盧恩符文的形狀，因此是在身體上體現盧恩符文的能量。另一種身體形式是 **galdr**，或稱聖詠，使用的是聲音和言語的魔法，可單獨使用或結合其他如上述的護符儀式等操作。盧恩符文也用於符號魔法，盧恩符文的使用者會用他們的手、手指或魔杖畫出盧恩符文的符號。這可以是儀式的一部分，或用來在各種情況下祈求保護。

　　在日耳曼魔法的背景之外，盧恩符文也用於蠟燭法術、作為護身符佩戴在頸部、用來尋找土壤、沙子和水體的自然魔法，並

用作解讀《影子之書》（*Book of Shadows*）的魔法字母表。整體而言，盧恩魔法的主題確實非常廣泛，而且已超出本入門指南的範圍，但你可在推薦閱讀頁面上找到大量可供深入探索的資源。

# 盧恩符文占卜

在開始用盧恩符文進行占卜之前，很重要的是了解盧恩符文的解讀當下並不是用來預測無法改變的命運。更確切地說，任何種類的成功占卜都可以稱為當前時刻的「快照」，可闡明在你在當下看不見的因素，並根據當前的行動方針指出可能的結果。

請記住，在古代北歐的世界觀中，未來總是隨著現在發生的事情而變化。盧恩符文的訊息是用來為導航的工具賦予力量，讓你一旦清楚了解自己的狀況，就能做出明智的選擇，知道接下來該怎麼做。另外也很重要的是，請記住最終你才是你最佳的智慧來源。你可使用盧恩符文作為指引，但不要讓符文的解讀凌駕在自己基於直覺的決策能力之上。

此外，別過度依賴符文而削弱你天生的洞察力。如果你發現自己幾乎每當要做任何決定時都會自動尋求盧恩符文的協助，那

麼你很可能受苦於「過度濫用神諭」的傾向，最好還是將盧恩符文留給你無法自行找到答案的真正重要問題。

# 個人專屬的盧恩符石

儘管在魔法施作中使用盧恩符文時並不需要真正的盧恩符石組，但每個盧恩字符的實體代表還是有助連結它們的能量，當然對占卜來說也是必要的。傳統上盧恩符石組要由使用者手工製作，這可為符號灌注符文使用者獨特的能量特徵，打造獨一無二的占卜工具。

若要製作個人專屬的盧恩符石，你可以遵循上述製作護符的基本程序。如同傳統的盧恩護符，用來製作盧恩符石的材質必須天然，可以是木頭、骨頭、石頭或黏土。如果你沒有切割木頭或石頭的工具，你可以使用預先切好的木片，或是收集扁平的小石頭或鵝卵石。

如果你的盧恩符石組是以古弗薩克文為基礎，你將需要二十四個個別的符石。最好使用大小和形狀約略相同的符石，這樣在它們正面朝下時，你才無法分辨。此外，基於同樣的理由，請避免在符文背面留下任何識別標記。

你可在網路上找到許多不同的盧恩符石製作方式，經常附有關於裁切、雕刻、著色和上漆或拋光盧恩符石的詳細說明，有助讓這些符號隨著時間仍能保持光澤和能夠辨識。

然而，如果無法自行製作盧恩符石，也可以找到各式各樣現成的盧恩符石組。有些符石組是由刻有盧恩符號的小黏土片所組成，也有些是使用礦物滾石或木片、金屬片（視你進行占卜的方式而定，礦物滾石可能不是很實用，因為它們的表面可能不是很平坦，在「正面朝上」時可能無法輕易辨識盧恩符文）。

如果購買盧恩符石還是無法吸引你，你可以簡單製作盧恩符文卡，這可提供練習抽符號的機會，而且在過程中有助讓自己熟悉盧恩符文及其意義。你甚至可以使用盧恩符文卡進行占卜，儘管這顯然更類似塔羅牌的解讀，而不是傳統的盧恩符文占卜。

不管你的盧恩符石來自哪裡或採用什麼材質，都務必要在占卜前進行淨化和開光儀式。例如，使用如鼠尾草或迷迭香等薰香香草、讓盧恩符石曬一整晚的月光，或是將它們擺在一碗土或鹽（視材質而定）中一整晚，以清除多餘的能量。接著以最適合個人實踐的方式發送你希望這些符號可以作為連結神性的橋樑等意圖。

隨身攜帶盧恩符石，貼身存放至少三天，以增強與它們之間的能量連結。以萬物皆有靈的觀點對待它們，將它們視為可以多種方式協助你的生靈，只要記得好好照顧它們。

傳統上會將盧恩符石存放在布袋中，可包含或不包含商店購買的盧恩符石組。你可以在魔法用品店或網路上找到優質的束口袋，或是如果你有針線的話，也可以自行製作。

占卜時，你也需要一塊將盧恩符石投擲在上面的盧恩符文布，或是作為排列盧恩符石的特定空間。盧恩符文布的傳統色彩是白色，但更重要的是使用素色的布，以免帶來視覺上的干擾，讓你無法專注進行盧恩符石的投擲。典型的盧恩符文布是18×18英吋(約45×45公分)，但視個人的偏好和盧恩符石的大小而定，你可以選擇大一點或小一點的布。

# 成功占卜的祕訣

為了盡可能清晰地解讀，你將需要在安靜不受打擾的空間進行，而且頭腦保持清醒。不要在電視打開，或是心煩意亂或沮喪的狀況下進行。否則之後你會經驗怒氣和挫折。花一點時間進行冥想、深呼吸，然後想著你的問題。

身為問卜者(或者說詢問問題的人)，你就是盧恩符文溝通的管道。如果你個人的能量因為焦慮或無關的想法而「混濁不清」，那麼你很可能也會得到混濁不清的解讀。

## 詢問適當的問題

盧恩符文可以協助你回答什麼樣的問題？關於可以問的主題確實沒有限制，不論是跟人際關係、職業、健康議題，或是任何其他對你而言重要的主題，盧恩符文都可以提供良好的建議。

儘管有些人確實會使用盧恩符文來回答是非題，即正位的盧恩符文代表「是」，而逆位代表「否」，但這類問題往往不適合盧恩符文占卜。例如，詢問「我該買這間房子嗎？」不太可能帶來明確或令人滿意的解讀。

相反地，你可以根據目前的情況詢問購買房屋的結果如何。接著在新一次的盧恩符石投擲中，你可以詢問如果放棄這特殊的機會會有什麼樣的結果。用這種較間接的方式詢問問題，會比簡單詢問是非題更能獲得更多潛在的資訊。

## 逆位盧恩符文

在古弗薩克的二十四個盧恩符文中，有九個在直立或顛倒（逆位）時基本上看起來是一樣的。這些符號在投擲時無論是以何種方式出現，意義都相同。其餘的符文則視翻面後是正位或逆位而有不同的詮釋。

逆位的盧恩符文詮釋經常是正位意義的倒轉或者說「相反」，但情況並非總是如此，也可能只是看待主題的角度不同於正位所顯示的意義。有些人害怕逆位的盧恩符文，將它們視為「壞消息」的警告，甚至有些盧恩符文的解讀者完全不接受逆位的詮釋。

你要如何處理逆位的盧恩符文完全取決於你，但如果你想充分利用這些符號，那可試著將逆位的符文視為有用的訊號。逆位的盧恩符文就像紅綠燈，可以讓你知道何時進行是安全的，或是你是否該等一會兒再前行。

## 盧恩符文組合

一般而言，解讀中的每個盧恩符文都有個別要給你的訊息，但它們的意義也可能交互影響，為你的問題提供更具體的資訊。

有公認的二至三個符文組合可以特定的方式詮釋，用來釐清解讀或為解讀增加新的層次。例如，如果你抽到菲胡（Fehu，財富）和萊多（Raidho，旅行），那你可能將在旅途中獲得寶貴的東西。如果是瑙提茲（Nauthiz，需求）與菲胡相伴出現，那你獲得的財富可能會用來解決特定的財務問題。

你無法一夜之間學會這些組合及其相關意義，而且這些意義視個人對每個符文的了解而定，也會隨著不同的解讀者而有很大的變化。隨著你的經驗越來越豐富。你將發展出個人對二至三個符文組合的感知。

　　目前只要暫時先專注在符文個別的意義即可，接著再開始觀察符文如何在其他的層面上搭配運作。隨著練習的進行，你可能會想用筆記本或日記追蹤自己的解讀狀況，以評估符文的準確性並記錄出現的任何見解。

## 重複出現與看似無關的盧恩符文

　　當你開始獲得更多盧恩符文的解讀經驗，你可能會隨著時間注意到相同的盧恩符文或符文組會不斷出現在你的解讀中。如果是這樣，請格外注意它們的意義，因為這是要你處理某個情況或整體生活某個重要層面的指引。

　　盧恩符文指引你的另一種方式是特別強調某件與你的問題完全無關的事。如果發生這樣的情況，不要將解讀視為「無用」而自動忽略，而是要去探索上述符文指的可能是什麼，因為這可能是更緊迫的事情需要你關注。

## 為解讀做好準備

如上所述，在日耳曼傳統背景下使用盧恩符文的解讀者會將符石投擲到符文布上。有些人在將布攤開並鋪在地上或桌上時，進行解讀符文石的儀式。他們可能也想讓自己和布朝向某個特定的方向，通常是北方或東方。另一方面，也有解讀者可能甚至完全不使用符文布。如同一般的魔法，這也是完全由你自己決定。

講到「洗牌」，為了能夠隨機投擲盧恩符石，你可能會採用一些不同的方式。你可以簡單在符石袋中將符石攪散，接著取出你要解讀的符石數量。或是你也可以將它們全部正面朝下地攤開，用手指以繞圈的方式洗牌。如果你的盧恩符石夠小，可以全部裝在你的手掌心，那你也可以用這種方式混合。可嘗試不同的方式，探索哪一種最適合你。

# 傳統的盧恩符石投擲

如我們在第一部分所見，我們對傳統盧恩符文占卜方法的認識來自羅馬作家塔西佗，他在他的《日耳曼尼亞志》一書中描述了將近2000年前的占卜法。許多盧恩符文的解讀者在今日仍偏好

遵循這種方式，不僅是因為這可以和我們的異教祖先連結，也因為這可促使我們以更自由聯想的方式和盧恩符文互動，而不像現代的盧恩符文牌陣那麼「刻板」。

視你的方法而定，你可選擇在詮釋中融入許多元素，例如在盧恩符石落地時形成的圖案或形狀、靠近彼此的盧恩符文組合、任何特定盧恩符文和你身體之間的距離，或是和盧恩符文布邊緣之間的距離等。對於特別具有視覺型靈性天賦的人來說，傳統的盧恩符石投擲格外實用，但對於任何想與盧恩符文建立直覺連結的人來說，這都會是很好的練習。

若要盡可能遵循古代的傳統，你將必須用果樹的樹枝裁切出新的一組盧恩符石，但務必要徵求樹的許可並感謝它的犧牲。這個步驟的好處是符石是「新鮮的」，而且是專為這次的解讀所製作，因此充滿特殊的能量。然而，如果你對於取得有生命的樹枝感到不自在，你也可以使用畫在小石頭上的盧恩符石，或是你目前的盧恩符石組即可（在投擲盧恩符石之前，你可能會想進行煙燻，或是用其他儀式為符石清除過去的能量）。如果可以的話，可在戶外進行這樣的占卜，以便更緊密連結盧恩符石的能量。

在你準備好進行投擲時，為盧恩符石「洗牌」，然後輕輕地撒在符文布上。務必要向上看，才不會在盧恩符石落地時看到任何的符文。持續向上看，隨機選擇三個符石，一次選擇一個。解

讀時先分別考量這些盧恩符文個別的意義，接著再考慮三者結合在一起的含義。

你可以在挑選時注意它們出現的方向，並解讀任何的逆位意義，也可以只專注在符文的整體主題，作為此時需關注的重要元素。你也能依據挑選的順序，將三個符文作為過去、現在和未來的層面進行解讀。

如塔西佗所述，解讀的方法可以無數種方式進行調整。例如，你可以隨機挑選符石的數量。或是你可以解讀所有落地時直立的盧恩符文，儘管視直立的符文數量而定，最後你可能會有更多的符號需要詮釋，而不是從解讀中獲取真正的意義。在這種情況下，你可以如同上面討論的，從盧恩符文的組合及整體排列的視覺圖案和形式中尋找重要的意義。

另一種變化版本是取一把小樹枝，然後投擲在布上，從小樹枝落地所形成的基本形狀來辨識盧恩符號。這種解讀風格是直接與大自然合作的絕妙方式，也能協助你磨練對外界盧恩符文形狀的整體調頻能力。

# 盧恩符文牌陣

　　盧恩符文牌陣不像傳統的盧恩符石投擲，這是一種現代的發明，較類似西方神祕傳統的塔羅牌，而不是較古老的北歐魔法形式。

　　然而，盧恩符文牌陣的某些面向源自於日耳曼的世界觀，例如強調奇數。最常用的牌陣會使用一、三、五、七或九個盧恩符文（在北歐世界中，三和九都是格外重要的數字）。

　　視人們想了解狀況的面向而定，每個牌陣都可能有多種版本，在牌陣中的每個位置也可能會有不同的意義。例如五符牌組的其中一個版本可能會著重在問題周遭的事件線性時間線，而其他的可能會揭示相關的人、挑戰，以及／或隱藏的因素等面向。

# 單牌組

　　這種方式有時稱為「奧丁盧恩」，較不需多作解釋：在袋中翻攪盧恩符石，然後抽出一個符石。當你需要快速做決定，或是必須回應意外的狀況時，這是提供建議的有效方法。

　　這也可以作為展開一天的自省小儀式。盧恩符文提出哪些有益於此時冥想的主題？

　　你甚至可以全天隨身攜帶你所挑選的盧恩符文，在你開始過度關注工作、學校或社交活動中的瑣碎細節時，作為讓自己回復狀態的定位點。就這樣，盧恩符文可以幫助你在現代生活的喧囂中與神奇的內在自我保持一致。

# 三符牌組

　　三符牌法可提供比單牌組更多的背景，但在考慮狀況的全貌時仍是相當廣泛的概述。將盧恩符文並排排列，並從左向右進行解讀。經典的三符牌組使用的是會令人想起諾恩三女神的數字，可反映與問題相關的過去、現在和未來的發展。

過去　　　現在　　　未來

例如在這次的解讀中，問卜者詢問關於找到新戀愛關係的可能：

過去　　　現在　　　未來
開納茲　　依瓦茲　　殷瓦茲
（逆位）

在過去位置的符文是逆位的開納茲（Kenaz），顯示最近剛結束關係，讓問卜者感覺被拋棄，而且可能會因為不知道出了什麼問題而感到困惑。出現在現在位置的依瓦茲（Ehwaz）顯示問卜者正急需學習信心和信任的課題，不論是在人我關係的背景下，還是只是問卜者個人的過程。依瓦茲也顯示可能正在發生迅速的變化。

殷瓦茲（Ingwaz）整體而言是非常正向的盧恩符文，出現在未來的位置是一個非常有利的符文。這預示著一段健康、爽朗、熱情的關係即將到來！問卜者可以放心，過去遭受的失落的痛苦並非故事的結局，而且無論目前可能遇到什麼樣的挑戰，都是在為

問卜者未來的獲益做準備。

在進行三符牌組的解讀時，排列盧恩符文的方式視個人的喜好以及你對三個位置彼此相關的概念而定。許多人會將第一個抽出的符文擺在過去的位置，接著以線性方式排列現在和未來的符文。也有些人將現在的符文視為解讀中最重要的影響，因此將第一個抽出的符文擺在中央，第二個符文擺在過去的位置，第三個符文擺在未來。

三符牌組也可以用於是非題，正位的符文代表「是」，而逆位代表「否」。然而，實際的符號仍應個別解讀，因為它們提供了相關情況的背景，可以幫助你針對詢問的問題做出決定。或是如果答案不明確，它們可以基於目前的狀況指出可能性。

另一種三符牌組則顯示與內在世界和你的反應。當你正為了未解決的議題或意外的發展而掙扎時，特別有幫助。這有助清理你內觀的感情碎片，因此你能更客觀地看待當下的情況。

擺在中間位置的第一個符文提供客觀的概述。它回答了這樣的問題：「現在發生的事情的核心是什麼？」擺在左邊的第二個符文則指出導致這種發展的影響，而這往往是問卜者看不見的隱藏面向。右邊的第三個符文則提供調整你觀點，而且可能顯示最能處理當前能量所能採取的具體行動。這個牌陣並不是用來展望未來，因為它的主要功能是幫助你客觀地聚焦在當下。

# 五符牌組

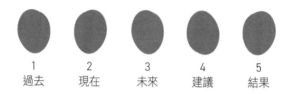

| 1 | 2 | 3 | 4 | 5 |
|---|---|---|---|---|
| 過去 | 現在 | 未來 | 建議 | 結果 |

　　五符牌組是傳統三符牌組過去（1）、現在（2）和未來（3）時間線的延伸，只是改為強調北歐時間概念的面向：未來會基於現在的選擇而持續改變的性質。下一個符文會視你的問題提供建議（4），關於如何行動，或是如何重新建構你對該情況的觀點、了解自己對現況的認知。如果你遵循第四個符文的建議，最後一個符文（5）會說明最有可能出現的新結果或調整過的結果。

　　例如在這次的解讀中，問卜者想找新的地方住：

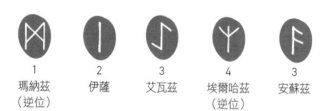

| 1 | 2 | 3 | 4 | 3 |
|---|---|---|---|---|
| 瑪納茲<br>（逆位） | 伊薩 | 艾瓦茲 | 埃爾哈茲<br>（逆位） | 安蘇茲 |

過去位置的符文反映出問卜者在這方面採取的方法。逆位的瑪納茲（Mannaz）顯示問卜者對這樣的情況感到憂慮，可能是來自與目前的住所之間的比較，以及感受到社會對成功的期望。這會讓問卜者的願望與實際經驗之間存有落差感，可能會讓問卜者實際上無法明智地找房子。

這個詮釋受到現在位置的伊薩（Isa）的支持，顯示目前沒有進展。情況是卡住的，至少目前是如此，因此需要耐心。問卜者最好避免將精力花在對目前的生活狀況感到沮喪上，因為這無助於推動事情的發展。

好消息是在未來位置的艾瓦茲（Ehwaz）指出舊的情況將消失，並帶來變化。看起來問卜者可能確實會找到新的住處，但這是在經過一段潛伏期甚至是困難的時期後才會歷經的新生蛻變。問卜者可能會遭遇某種其他無預期的變化，因而帶來成功的行動。記住這個符文有助問卜者避免在近期發生動盪時感到焦慮。

位於建議位置的符文是逆位的埃爾哈茲（Elhaz），這是強大的保護符文，在以逆位出現時發出警告。這個符文建議問卜者留意看似美好但將來可能會後悔的人事物，因為某人——無論是房地產仲介、房東，還是可能的室友，可能打算佔他的便宜。即使問卜者目前的不滿可能會讓他急於搬至第一個出現的新住處，但此

時直覺是最重要的。如果任何關於房屋的報價有「不對勁」的地方，問卜者應拒絕，而且持續對最終的正面結果保持信心。

假設問卜者聽從了這個建議，結果看起來是正向的，因為安蘇茲（Ansuz）出現在最後的位置。安蘇茲代表訊息和溝通，可能是來自問卜者生活中的人們、新的人脈，或甚至是靈界。這個符文指出，只要問卜者保持耐心、聆聽直覺，而且不要只為了改變而急著接受第一個搬遷的機會，將可迎來適合的條件。更棒的是，當適合的條件出現，宇宙將讓問卜者清楚地看到他等待已久的機會如今已垂手可得。

# 其他牌陣

以上的例子僅是其中一種五符牌組。如同三符牌組，還有許多其他的可能，包括符文實際的排列和所代表的狀況角度。你可在網路上以及本指南最後的建議參考讀物中找到種類繁多的牌陣。

至於更詳盡的牌陣，儘管越多的符文確實代表有越多關於你詢問的資訊，但如果涉及過多的符文，解讀也很容易變得令人困惑。相較於經常用到多張牌卡的塔羅牌解讀，盧恩占卜往往傾向

「簡單就是美」的經驗。或許這是因為盧恩符文只有二十四個（視你使用的盧恩字母系統而定，大概是這個數量），而標準的塔羅牌組有七十八張卡。但對初學者來說，在一個牌陣中使用太多符文可能會讓人招架不住。

這並不是說你不能嘗試使用六個符文以上的牌陣，但你可能會想先專注在較小的牌陣上一段時間，因為這麼做實際上可以幫助你更了解盧恩符文。在準備好嘗試更複雜的解讀時，你會發現有非常多種可能（再次提醒，可查看本指南最後的推薦閱讀頁面）。當然，你也永遠都可以發明自己的牌陣！

# 持續前行

　　若想精通盧恩符文，再怎麼強調時間和練習的重要性都不為過。如同第一部分所提到的，即使對純熟的盧恩符文使用者來說，盧恩符文也永遠學不完。但願以上的討論可提供足夠的基礎，讓你有信心展開盧恩符文的練習。現在是時候認識古弗薩克的盧恩符文了。

　　在第三部分，你將學習盧恩符文的名稱、占卜意義，及其魔法運用。這些可作為探索盧恩符文的概略基礎，直到你培養出個人對盧恩符文的理解。

第三部分

# 盧恩符文的
# 意義

## RUNES MEANING

# 盧恩符文的詮釋與
# 魔法運用

在深入探索盧恩符文的詮釋與魔法運用之前，值得注意的是，現代的盧恩占卜法可能和古日耳曼異教徒的做法大不相同。以下的資訊盡可能取材於這些北歐祖先的傳統。然而，即使是最早的盧恩符文著作也有部分受到外來觀點的影響，包括基督教，甚至是如赫密士主義（Hermeticism）和諾斯底主義（Gnosticism）等外來的魔法信仰體系。

現代盧恩符文的解讀者仰賴的準確歷史資訊來源包括三首符文詩──古英語盧恩符文詩（Old English Rune Poem，八至九世紀）、挪威盧恩符文詩（Norwegian Rune Poem，十三世紀），以及冰島盧恩符文詩（Icelandic Rune Poem，十五世紀）。每一部作品都描述了當時當地的盧恩字母，並附有對每個符文名稱部分層面評論的小節。盧

恩符文的研究者推斷許多詮釋來自這些詩歌，以及許多如第一部分所述的北歐神話等其他的主要來源。

　　現代占卜法的主要先驅是圭多・馮・李斯特（在第一部分也有提及），他發明的阿瑪尼符文屬於日耳曼文藝復興的一部分，並讓過去大部分的傳說和宗教傳統再度復興。事實上，阿瑪尼符文是專為占卜所研發的，而非書寫系統。然而，若要探討基督教出現之前的當地做法，即使是李斯特和其他祕教學者兼從業人員的作品也不能保證完全準確。

　　儘管如此，我們仍有充分的理由相信，基於這些學術努力地詮釋非常接近我們將獲取的「真實事物」。而且盧恩符文的意義終究是屬於每個符文解讀者個人的，因此如果某個特定的符文帶給你某種意義，那就請相信這就是它的意義，而無須需理會本書或其他的書告訴你什麼。魔法的運用也是一樣，在此列出的可視為現代盧恩符文傳統的一部分，但你可能會發現你個人和任何特定的符文之間存有不同的關係。

　　你可能會在本指南以外的資訊來源遇到一種現代創新的盧恩占卜：「空白盧恩」，用來代表宿命或命運（亦稱「威爾德wyrd」，即北歐命運的概念）的概念，出現在解讀中往往表示有一些問卜者還不該知道的事。

空白盧恩的來源並不清楚，但是由拉爾夫・布魯姆（Ralph Blum）在1980年代初期的推廣而普及。你當然可以自由地將空白盧恩融入你的占卜實踐中，但由於這顯然完全不屬於日耳曼的傳統，因此也不列入以下詮釋的部分。

有些技術性的細節也值得在此一提。首先，古弗薩克中的盧恩符文名稱，以及在部分案例中符文名稱本身的拼寫可能會有極大的變化。這是因為我們實際上並沒有從任何弗薩克時代留下的書面證據中找到這些名稱——它們是利用新弗薩克文、盎格魯薩克森弗托克文，以及某種程度上的哥德盧恩符文所重新建構出來的。

其次，艾瓦茲（Eihwaz）和佩索（Perthro），以及達嘎茲（Dagaz）和歐瑟拉（Othala）這兩組盧恩符文的順序在某些來源中是顛倒的。這是因為古弗薩克的考古證據並不一致。最後，這些名稱的發音僅能視為概略的參考，因為古北歐語有些聲音無法以英文字母表示。

# 弗瑞雅族
## FREYR'S AETT

弗瑞雅族符文講述的是在地球上的基本生存、體驗、與其他人類和神靈互動，以及過上充實生活所需要的東西。

## 菲胡 FEHU

**亦寫成：** Fe、Feh、Feoh、Frey

**發音：** fey-who

**字母音：** F

**譯為：** 牛、財富、金錢

**關鍵字：** 財富、繁榮、豐盛、豐富、身體健康、開始

菲胡最常見的詮釋與財富有關，尤其是「流動」財。對古代的日耳曼民族來說（對許多其他的古文明來說也是），擁有牛隻可能意味著舒適的生活方式和匱乏的生活條件之間的差異。這些動物不僅可用來交易其他的貴重物品，而且本身也可以作為食物，因此可在急需時保命。

現代對菲胡的詮釋較著重在金錢和信貸的部分，因為這是我們今日處理的「流動」財的主要來源。然而，這個符文更廣泛的意義涉及一般的繁榮和豐盛，包含除了我們實際現金儲備之外的非金錢形式的幸福——身體健康、充足的食物、愛、社會成功和快樂的生活方式。因此，菲胡可作為實用的提醒，讓我們懂得欣賞生活中進展順利的事物，無論是何種形式。

視解讀的背景而定，菲胡確實可能表示財富上的好運即將來到你身邊。事業成功以及你努力的回報正在顯化。然而，這個符文也指出必須和家人或團體的其他人分享好運。為了和他人維持正向的關係，很重要的是要避免貪心或自私。正如盎格魯－撒克遜符文詩中關於菲胡的詩節所述：「財富為所有人帶來慰藉／然而，如果渴望在上帝面前獲得榮耀／那麼每個人都必須放棄財富。」

逆位的菲胡往往表示財富、資產或自尊的喪失。無論出於何種原因，幸運之風此刻並沒有吹向你。你可能會歷經失望、沮喪、不滿足、必須放棄你的計畫，或是健康問題。重整是必須的——你需要放棄什麼，以及如何以更實際的方式重新集中精力？而這可能涉及制訂預算、縮減開支、更妥善地照顧自己的身體，或是重新評估你的優先事項。要知道你可能必須面對一些挫折，這是學習的機會，而且你最終會因為這樣的經歷而過得更好。

## 其他意義

作為古弗薩克所有盧恩符文中的第一個字符，菲胡也象徵著開始。這個符文的直譯為「牛」，以及北歐神話中的歐德姆布拉（Audhumla），即創造人類之父的母牛，更強化了這個意義。然而，由於新的開始總是伴隨著生命循環模式的結束，因此在此也有「完成」的相關含義。

你可能最近剛結束一項計畫或嘗試，或是已達成你一直以來努力想實現的目標。如果是這樣，這可能是建議你休息，或是享受你努力的成果，同時仍可將你的注意力轉移至可能的下一個新目標。就這層意義而言，逆位的菲胡指出必須整合沒有完成的部份、將放棄的計畫完成，或是承認某件事情已經失敗，以減少你的損失。

由於有些現代的盧恩符文系統會將菲胡與金星和月亮相連結，有時也和浪漫的戀情有關。視解讀的背景而定，你可能正經歷一段剛萌芽的關係，或單純在穩定的關係中享受彼此都很滿足的一段時期。在這樣的背景下，如果出現逆位的菲胡，可能意味關係破裂、單戀的愛，或至少是一段在關係上不滿足的時期。

**魔法用途**

增加財富、強化靈力、吸引和改善人際關係，將魔法運作「傳送」至無形世界以進行顯化。

# 烏魯茲 URUZ

**亦寫成：** Ur、urz

**發音：** oo-rooze

**字母音：** U（如「brute 蠻橫」中的 u）

**譯為：** 野牛（歐洲野牛）、蠻力

**關鍵字：** 體力、健康、力量、精力、耐力、創造力

### 主要主題

　　不同於菲胡所象徵的馴養牛，第二個古弗薩克盧恩符文代表的是野牛（auroch）——幾世紀前凶猛的野牛。這種動物因其原始的體力、精力和力量而備受推崇，但由於野牛是無法馴服的，這些特質也帶來健康的警告——就像牠鋒利、致命的角一樣，而這就是符文本身形狀的象徵。

這原始的體力和力量就是烏魯茲意義的核心。可以代表體力，但這裡可能同樣強調情感和精神的力量。如果你正面臨挑戰，烏魯茲提醒你擁有堅持下去，以及保護自己不受對手傷害的力量。如果你正在追求夢想，這個符文顯示你背後有足夠的動力將夢想化為實際。召喚你與神聖能量的連結，並信賴你將會受到指引，將你個人的力量導向正面的結果。

其中一個相關的訊息是要當心不要讓原始、野性的能力支配你對情況的反應，或是試圖使用你的力量去控制別人。確實，烏魯茲所代表的挑戰就是「馴服」我們每個人內在的自然原始之力，如此我們才能將能量用於謀求每個人的福祉。

逆位的烏魯茲表示你已錯失機會，或忘了認可自己取得成功的能力。你可能正歷經缺乏意志力或動力的狀況，這可能會讓你感到停滯，或是因為缺乏進展而造成這樣的情況。你能做些什麼來恢復自信和主動積極的能量？是什麼樣的恐懼（有意識或無意識）讓你退縮？

## 其他意義

烏魯茲另一個主要意義和健康有關。正位的符文表示你正歷經或很快要歷經健康良好和活力充沛的狀況。從這個層面來看，

逆位的烏魯茲警告可能會有健康不佳、活力不足，以及必須留意身體健康等狀況。

烏魯茲也是代表突然改變的符文，經常帶來無法預測的結果。在這樣的背景下，正位的烏魯茲鼓勵你度過劇變，因為很可能會帶來新的成長，甚至是之前無法想像的正面結果。然而，你必須擁抱這樣的變化，並且願意冒險，才能收穫可能的獎賞。而這裡需要的是參與「創造性風險」的意願。

逆位的烏魯茲意指變化和挑戰帶來的機會，而你退縮了。如果你因為對未知的恐懼而無所作為，你可能會錯過一些美妙的事情，經歷停滯和失去動力的狀況。

### 魔法用途

將新的形勢和情況帶入你的體驗中、加強和集中個人意志、利用突然變化的能量來發揮自己的優勢、各種層面的療癒，更深入地了解自己和潛在的動機。

# 瑟瑞沙茲 THURISAZ

**亦寫成：** Thurs、Thor

**發音：** thoo-ree-sahz

**字母音：** TH（如「thorn 刺」中的 th）

**譯為：** 刺、荊棘、巨人、雷神索爾

**關鍵字：** 保護、警告、沉思、決定、幸運

### 主要主題

　　瑟瑞沙茲主要和保護及抵抗危險或其他討厭情況等層面有關。這個符文的形狀代表樹枝上的刺，象徵選擇防禦姿態的智慧，而不是衝去攻擊對手。

　　如果你遇到具挑戰性或潛在危險的情況，可用具保護能量的盾牌包覆自己、攜帶護身符，和／或特別注意你的環境和行為。

採取這些措施往往足以阻止潛在的攻擊者試圖傷害或利用你。可將這個符文視為友善但嚴厲的警告，此時要警惕潛在的危險。

從這層意義上，逆位的瑟瑞沙茲實際上可能表示危險已經過去，或是你正面臨的風險並沒有那麼重大。也可能單純指脆弱的感受或對逆境的恐懼。

在相關的詮釋中，瑟瑞沙茲建議你注意動機。請留意透過欺騙或不誠實帶來報酬的機會，記住善惡終有報。不要走容易的道路，即使這麼做可以讓你逃避責任。此外，請樂於聽取你信任的人的建議，即使你不喜歡你所聽到的。在這樣的背景下，抽到逆位的瑟瑞沙茲可能表示你在這方面一直很固執，拒絕遵從可以協助你避開不愉快經歷的可靠建議。

### 其他意義

瑟瑞沙茲另一個常見的詮釋顯示你正面臨一個需要深思熟慮的重大決定。請務必在採取行動之前全面性評估這個狀況的每一個面向。盡可能多花一些時間來做決定，不要用情緒來做選擇。在做出可能對你的生活產生重大影響的決定時，保持理性中立的能力是另一種避免不愉快狀況的方法。

逆位的瑟瑞沙茲可能表示你在這方面並沒有善待自己——你可能否認這個情況的某個層面，因此無法做出平衡的決定。可尋求你信賴其觀點的專家和／或人士的建議。

　　視解讀的背景而定，瑟瑞沙茲可能單純代表幸運的事件——視符文的位置而定，可能是正面或負面意涵。瑟瑞沙茲的神聖力量來自北歐的雷電之神索爾和惡作劇之神洛基（Loki）。它提醒我們混亂對轉化來說是必須的，一開始看似正向的事物事實上可能並非如此（反之亦然）。我們可能會喜愛好的雷雨，而土地可能會從下雨中獲益，但我們也知道閃電可能會帶來重創，樹木可能因此遭到摧毀。瑟瑞沙茲代表宇宙內具破壞性、混亂的原始力量。

### 魔法用途

防禦魔法、保護、協助做決定、好運。

# 安蘇茲 ANSUZ

**亦寫成：**Ass、As

**發音：**安－蘇茲

**字母音：**A（如「father 父親」中的 a）

**譯為：**神、祖神（有時詮釋為奧丁）

**關鍵字：**溝通、智慧、神聖力量、訊息

## 主要主題

　　安蘇茲是代表各種溝通形式的盧恩符文，但主要是口語溝通，無論是寫作、演講，還是唱歌。可能會有來自外部來源的訊息、建議或新資訊，或是你可能必須密切注意來自高我的訊息。如果你在與教育研究或工作面試有關的解讀中抽到安蘇茲，這通常是好的預兆，因為這個符文也和知識、理性和智慧有關。

除了世俗的訊息和知識外，安蘇茲也和神聖智慧及更高次元的溝通有關。安蘇茲的神聖力量來自奧丁，而奧丁也經常被稱為風與精神之神，因此暗示著可能有預言、啟示或其他來自異世界盟友的訊息。也可能指向靈性成長和新洞見的能力。讓自己更敞開地接收來自宇宙的訊號，可能是看到動物、雲的意象、數字訊息，以及其他有趣的「巧合」（更常稱為「共時性」）等形式。

逆位的安蘇茲與惡作劇之神洛基有關，因此警告你防衛別人和你溝通時的詭計和欺騙。不要只因為你喜歡這樣的訊息而輕率地遵從或相信別人給你的建議；同樣地，不要只因為忠言逆耳而忽略對你的成長而言很重要的訊息。在感知和處理外界資訊時，我們往往是自己最糟糕的「騙子」。小心不要在溝通上有所誤解，或盲目地從表面上看待事情。此時你可能無法理性且頭腦清楚地思考。

或是你可能正面臨難以和他人清楚溝通的狀況，對自己的意見缺乏自信，或是覺得和神靈失去連結。你可能只需要保持沉默並向內在探索一段時間，直到你的思路再度變得清晰、重新取得連結和信心。

此時可能會有帶來新人脈、開始和機會的巧遇。在你與他人社交時，不論是商務還是玩樂場合，請將你的眼睛和耳朵張大。由於安蘇茲也與眾神之父奧丁有關，這個符文有時也代表來自較年長智者的建議。

在這樣的背景下，逆位的安蘇茲也用來警告不要被年長者或任何你剛認識的人所欺騙。

許多盧恩符文系統會將安蘇茲與桉樹相連結，而桉樹在北歐傳統中被視為「生命之樹」或艾格德拉賽（世界之樹）。無論何時，我們從世俗觀點來看事物相當混亂，但世界樹連結的九大世界，永遠代表宇宙穩定的神聖秩序。如果你在面臨重大困難時抽到這個符文，不論是正逆位，它都會為你帶來慰藉。

**魔法用途**

智慧、複雜情況下的洞察力、強化魔法施作、在對話或公開演講中取得成功、考試及格、啟發、神聖溝通。

# 萊多 RAIDHO

**亦寫成：**Reid、Rad

**發音：**rye-though

**字母音：**R

**譯為：**馬車、騎馬、交通工具

**關鍵字：**旅行、旅程、移動、重逢

### 主要主題

　　萊多是和旅行有關的符文，同時也代表馬車的實際車輪，而馬車長久以來都是古代北歐唯一的旅行「交通工具」。這個符文顯示你正要出發（或很快要出發）去旅行，無論是指在外在世界還是情感或靈性層面。

　　如果你的旅行是實際的，萊多意味著愉快且幾乎不會有事故的體驗。如果你是在探尋靈性，你可能需要非常靈活地進行，但

到達目的地的獎勵將會非常值得，因為你正在追隨自己靈魂選擇的道路。不論是哪一種，都建議你持續聚焦在旅程本身的體驗，而非是否抵達目的地。這是因為萊多指的不只是你搭乘的交通工具，也代表你旅行的道路。一路上充分利用每一刻，最能讓你獲益良多。

逆位的萊多則警告你旅途中可能會發生問題。可能是實際的故障、延誤，或是其他運輸的問題、計畫被打亂，或是在路上遇到其他令人不愉快的狀況。如果你的旅行可以延期，建議你這麼做。如果無法延期，則請為複雜的情況做好準備，並盡可能保持彈性和耐心。記住，我們計畫的中斷或被迫更改有時會帶來無法想像的新機會。你可能只是在旅程中「改變路線」，最終卻帶來比預期更好的結果。

你也可能必須為了不愉快的理由而旅行，或是必須去你不想去的地方。如果是這種情況，請記得所有旅程都會讓人學到東西的好時機，如果你能盡可能地接受而不是抵抗，你會更輕鬆地度過這段時間。

逆位的萊多也可能意指在情感或靈性層面的停滯——在自我探索的旅程上，你想前進的行動目前正受到阻礙。你可能正因為害怕不安或情緒上的痛苦而避免某種內在的清理。然而，不按原本計畫前進所帶來的不安，最終會比你被要求進行的轉化過程更不舒服。

## 其他意義

萊多其中一個相關的詮釋是「重逢」，特別指老朋友回到你的生活中，或甚至是你在投胎進入今生之前曾訂定靈魂契約的新人即將到來。或是你可能有機會解決與他人，甚至是自己內在的分歧或衝突。在這樣的背景下，逆位的萊多促使你檢視自己的態度或行動正如何阻礙著你進行這樣的重逢或解決衝突。

有些盧恩符文系統也將萊多視為一種指標，表示現在是和他人進行協商或討論契約的好時機。逆位的萊多則建議你將這樣的討論延期，因為其他人可能不會以你的最大利益為考量。

最後，有時萊多只是提醒你要和「生命之輪」（或是威卡所稱的年輪 Wheel of the Year）保持一致。要知道人生有起有落、潮起潮落，就像四季一樣會不斷變化。對立事物的對比就是人生旅途的一部分。如果事情的發展不如你的預期，請振作起來，要知道沒有什麼是永恆不變的。

### 魔法用途

旅遊平安、駕馭內在之旅、在充滿挑戰的情況下保持冷靜、紛爭中的正義。

# 開納茲 KENAZ

**亦寫成：** Kano、Ken、Kaun、Kaunan

**發音：** kay-nahz

**字母音：** K

**譯為：** 燈塔、火炬、火、火把

**關鍵字：** 光、熱、照明、突破、創意之火

## 主要主題

　　在發現電之前的幾千年，火是唯一人造的熱源和光源。開納茲代表的是人們用來加熱和照亮住所的火把或火炬，並隨身攜帶用來照亮道路。這個符文代表黑暗中的光明，以及火所提供的溫暖。就抽象的層面來說，這也是知識和啟蒙之光。

　　抽到這個符文表示你正在或將會突破生活中的某個令你困惑或痛苦的領域。你現在得到了更高的指引，為你帶來領悟和清晰

的思維。你將能夠依據新的資訊和理解重新思考你的處境,這將讓你能夠對目前的方法進行必要的改變。務必將你領悟的教訓銘記在心,讓這啟發性體驗的力量和能量為你開闢道路,並推動你沿著自己的道路前進。

逆位的開納茲表示你感覺自己在某些方面受到冷落或被蒙在鼓裡。你可能正歷經某種心靈上的空虛,或是和高我的內在知識缺乏連結。經常代表有事情正要結束——關係、職業或其他計畫。建議你相信這樣的結束可為你帶來最高的福祉。要知道隨著結束而來的黑暗時期是必須的,如此一來新的光源才能照進你的生命。

## 其他意義

開納茲也代表創意行動和藝術才華的狂熱之火。這是展開創意方案的好時機,之前的生產障礙已被清除,現在你對你的創意工作具有最佳的活力和熱情。利用鍛造的力量——將原料轉變為有價值的物品——讓你的計畫開花結果。在這樣的背景下,逆位的開納茲表示缺乏創意靈感,而且覺得自己被卡住了。你可能必須用不同的方式好好照顧內在自我,才能重新點燃這創意之火。

在聚焦於浪漫情境的解讀中,開納茲指出新的關係正要開始,而逆位的開納茲意指分道揚鑣,通常重點在關係中的男性部

分。逆位的開納茲也可能在警告內在之火帶來的破壞力，例如不健康地著重情慾，或是因為被愛火沖昏了頭而不夠腳踏實地。請保持平衡，以免被愛火灼傷。

**魔法用途**

創意、靈感、療癒、愛情、平衡的關係、為盧恩護符增加力量。

# 給勃 GEBO

**亦寫成：**Gifu、Gytu

**發音：**gay-boo

**字母音：**G（如「禮物 gift」的 g）

**譯為：**禮物、好客、慷慨

**關鍵字：**禮物、慷慨、友誼、和諧、才能／能力

## 主要主題

給勃是代表禮物和慷慨的符文，主要意味著人們之間的交流會建立給予者和接受者之間的連結。抽到給勃往往表示你即將收到禮物，可能是物質上的或無形的，例如情感上的支持。

在過去的幾世紀，不會讀寫的人在簽合約時會用「x」記號來表示他們同意這樣的交易。這雙方同意的概念就是給勃意義的核心。如果你是某人送禮的接收者，你可以選擇接受或是拒絕。

視解讀的背景而定，給勃可能是建議你充滿感激並全心全意地接受，或是提防禮物背後的動機。這也可能是在請你思考你自己的付出——你的回報和你所接受的是否成正比？你是否付出太多、對太多人付出，還是在對錯誤的人付出？

　　給勃其中一個相關的詮釋是夥伴關係的成功與和諧。所有的關係，無論是個人還是事業上的關係，某種程度上都涉及互助互惠的狀況。抽到這個符文表示你生活中的某個關係是具有好運的。如果是商業夥伴或同事，這可能表示你們之間的合作讓工作變得富有效率且令人愉快。在戀愛關係中，你可能會體驗到和伴侶之間的承諾和熱情加深。

　　只是，在各種關係中都務必要注意平衡與和諧。在採取各種行動和下決定時，都要同時考量到自己和另一個人。對你身邊的人展現同理心，在需要原諒時也能懂得原諒（另一種付出）。

給勃也可能表示禮物來自更高的次元，尤其是在涉及技巧與天賦的背景下。你可能會發現你具有天賦的新愛好，或是深入發展你已經在追求的才能。抽出這個符文是鼓勵你持續善用已經擁有的東西，並在世界上留下影響深遠的訊息。

給勃無逆位意義。

**魔法用途**

愛情、性、各種和諧的關係、與神聖能量連結、強化魔法能量和能力。

# 溫究 WUNJO

**亦寫成：** Wynja、Wyn

**發音：** 溫 - 究

**字母音：** W

**譯為：** 喜悅、樂趣、希望

**關鍵字：** 喜悅、快樂、和諧、狂喜、幸福的關係、幸福、成功

### 主要主題

　　溫究是一個非常正向的盧恩符文，直譯為「喜悅」，而且代表各種的幸福快樂。困難的狀況會得到解決，並重新帶來樂觀的情緒。也可能會有驚喜的發展進入你的生活，讓一切事物變得更美好。你可能會歷經一種確實受到更高次元祝福的感受。然而，當我們對生活採取平衡的態度時，狂喜和和諧也會同時存在，而且會更始終如一。

持續關注負面的事物最終會帶來更多負面的狀況（透過吸引力法則），而認定一切都進展順利的做法不只會為你帶來更多的幸福，也意味著你大多時候對自己的生活是感到滿意且平靜的。如果你感到情緒低落、沮喪或暴躁，溫究可能在請你調整想法，並專注在會帶給你喜悅的事物上。這麼做將會讓這個符文所代表的正面能量進入你的生活中。

　　作為喜悅的符文，溫究也和幸福的關係有關。你確實正在享受他人的陪伴。友誼正在加深，戀愛關係成功，不論是剛萌芽還是更穩定的關係。

　　逆位的溫究代表不愉快的時光，由於衝突或意外的問題，事情並不如你預期地發展。你可能會對生活缺乏活力和興趣，或是壓力和焦慮可能主導了你的體驗。請避免在此時做出重要決定，因為你缺乏良好的心態來選擇最佳方針，甚至沒有意識到你有哪些選擇。

　　在關係中，可能會有緊繃或誤解的狀況，可能會導致爭吵，或甚至是伴侶關係的結束。如果可以的話，請花點時間休息，讓負面能量消退，並帶著更清晰、平靜的心靈回來處理問題。

## 其他意義

在涉及商業和繁榮，以及一般情況下追隨抱負所獲得的獎勵時，溫究被視為好的徵兆。你正在享受你的工作，尤其是當你從事創意性質的工作時。視解讀中的其他符文而定，現在或許是展開新商業冒險的好時機。

在這樣的背景下，逆位的溫究警告此時並非進行新計畫的好時機，或是可能單純表示你的抱負已被真正的或你認為的障礙或干擾所阻擋。你可能對你的工作或工作成果不滿意。如果是這種情況，請盡量多關注你生活中其他可為你帶來喜悅的領域。透過這種方式，你便可以平衡你對人生的展望，並挪出空間迎接新的正面發展進入你的生活。

## 魔法用途

愛情、性、各種和諧的關係、與神聖能量連結、強化魔法能量和能力。

# 海姆達爾族
## HAGAL'S AETT

　　海姆達爾族的盧恩符文述說的是不可避免的生活經驗——中斷、變化、進展停滯，甚至是意外的好運。它們協助我們駕馭人生道路上較艱難的面向，並提醒我們沒什麼是永恆不變的。

## 哈格拉茲 HAGALAZ

**亦寫成：** Hagal、Hagall

**發音：** 哈－格－拉茲

**字母音：** H

**譯為：** 冰雹、雹塊

**關鍵字：** 破壞、混亂、干擾、不幸、轉化

海姆達爾族的第一個符文譯為「冰雹」，並指出我們並不總是能控制局勢的事實。即使在科技萬能的現代，大自然還是可以隨時介入，以毀滅性的力量將城市和國家夷為平地。與較大的自然災害相比，冰雹可能只會短暫地出現在部分地區，但撞擊地面的冰球可能會在之後留下破壞、傷害人和動物，並毀壞所有的農作物。

對於任何以土地維生的古代社區來說，這無疑是一場災難。

哈格拉茲意味著這些無法被控制的混亂力量，不論是大災難、疾病，意料之外的問題或干擾你朝目標邁進的事物。你無法控制或「修正」這樣的干擾，換句話說，抵抗是沒有用的。

儘管這可能是令人沮喪的時期，但要知道，出於你無法理解的理由，你的方向正在進行修改。你可能被迫採取新的方法，而這會隨著你的耐心和毅力，以及不執著於結果來分析狀況的能力而變得清晰。

如果解讀大體上是正向的，那可將其詮釋為影響力不大的混亂狀況——只是暫時性的中斷，而非意想不到且會改變人生的發展。如果靠近哈格拉茲的符文是負面的，那麼可能是較嚴重的麻煩，或是可能帶來長期的影響。如果這是關於新計畫或新嘗試的解讀，那你可能還不想開始。

　　冰雹是暫時的現象、開始和結束，就像液態的水。哈格拉茲可能意味起初困難重重的重大變化，但最終這個經歷帶來的轉變將會讓你變得更好。你身上正發生重大的轉變，無論是物質上、情感上，還是靈性上。但老舊的事物不拆除，新的創作就無法發生。

　　哈格拉茲無逆位意義。

## 魔法用途

保護、幸運、快速轉化、成功駕馭困難狀況、打破不健康的模式。

# 瑙提茲 NAUTHIZ

**亦寫成：** Naud、Naudirz、Not、Nautiz、Nied

**發音：** now-theez

**字母音：** N

**譯為：** 需求、必需品

**關鍵字：** 需求、必需品、不足、缺乏、限制、有耐心

## 主要主題

瑙提茲意味著一個人的需求無法得到滿足的苦楚，不論指的是貧困、飢餓、失業、健康狀態不佳，或是缺乏情感上的支持。這個符文法杖代表「需求之火」，這是由兩根大木樑點燃的儀式火，古代北歐人會在極度困難或災難時點燃，例如饑荒或致命疾病爆發。

你可能正歷經難以前進或無法舒適生活的困難，或是出現難以滿足的強烈欲望。由於缺乏資源而導致可能性受到限制，而你

可能因為這些限制而感到惱火，並／或對自己的狀況感到灰心。盎格魯－撒克遜的盧恩符文詩將瑙提茲形容為「一條緊裹胸前的帶子」，而這經常是指有需求但又受到限制的感受。

瑙提茲的建議是將這樣的情況視為一段學習的時期，以及強化韌性的機會。沒有人能在苦難發生時享受苦難，但當我們回顧昔日經歷時，通常是苦樂交織。別讓悲苦、擔憂或絕望奪走你的優勢，而是要善用你的天賦才能去找到滿足你需求的方法。請記住，需求與限制是成長所必需，就像如果我們總是擁有我們需要或想要的一切，就永遠也無法學習或完成任何重大的事情。

盧恩符文的解讀者們對於瑙提茲是否有逆位具有分歧的觀點。許多傳統認為沒有逆位，但符牌並非完全對稱，而且正位和逆位之間有相當大的差異。

不論如何，認可「逆位瑙提茲」的人也不會用和「正位」相反的意義來詮釋這個符文，而是將正位整體意義的某個層面分配給逆位。相關的意義詮釋可在下方的「其他意義」中找到。如果你的直覺認為應明顯區別瑙提茲的逆位意義，那些便可作為這個符文在這個位置的詮釋。如果你認為無須區分正逆位的意義，也可從其他符文提供的背景，以及進行這次解讀的主要問題來闡明這次瑙提茲要告訴你什麼。

## 其他意義

瑙提茲可能正在警告你避免貪心或不健康的欲望，因為這會導致破壞性的行為和負面的結果。如果你過度注重物質世界，這是建議你向內在探索並關注靈性發展的訊息。

這個符文也可能是在警告不要在此時做出倉促的決定或承諾某事，因為可能會產生出乎意料的需求或限制，建議你保留精力，此時只要專注在重要的事物上。可能只是你目前的狀況不適合前進，或是時機不對。保持耐心是最佳良策。

瑙提茲無逆位意義。

## 魔法用途

保護、在困難的情況下保持冷靜、啟動以吸引或增加為主的魔法施做。

# 伊薩 ISA

**亦寫成：** Isaz、Isa、Is、Iss、Isarz

**發音：** ee-sah

**字母音：** I（如「ice 冰」中的 i）

**譯為：** 冰

**關鍵字：** 障礙、靜止、停滯、延遲、寒冷

### 主要主題

伊薩是海姆達爾族中的第三個符文，而在一行中的第三個符文帶有明顯負面的意義。直譯為「冰」，視背景而定，這對現代人而言似乎是中性或甚至正面的物質，但對古代的北歐人來說，冰是沒有用的，而且往往是一種障礙。

伊薩代表的是結凍的水，意味著缺乏行動，而這可能會讓人沮喪。可能會有實際的情況阻礙你的進展、喪失活力，或是為了前進而看不見過去的心理障礙。

伊薩也代表延遲，而且最好接受這就是你目前處境的事實，而不要抗拒。要知道太陽終究會升起，將冰融化，並讓水再度自由地流動。同時請善用這靜止穩定的能量來練習專注在當下。在此時做冥想非常有用，因為這可消除沮喪，並讓你從無法控制的事物上轉移注意力。

不要放棄你的抱負，或是以為延遲表示這行不通。如果你可以做點什麼來為下次的機會做好準備，就把你的精力放在那上面。你甚至可能會發現自己因此更有能力追求自己的目標。

## 其他意義

伊薩也可能指的是人與人之間的情緒冷漠。這可能涉及友誼、家庭關係或戀愛關係。代表缺乏情感，可能已經停止溝通，或是原本激情的戀愛關係已經開始降溫。現在存有或即將發生爭執或衝突。

問問自己是否對詢問的對象敞開並表明自己的感受。如果緊閉心扉的是他們，可想想你可以如何重新建立你們之間的連結，或是重新點燃你們之間的活力。然而，在某些情況下，也要接受放手和繼續前進或許是最好的選擇。

冰的透明也可能意味著清晰，無論是涉及關係或是其他導致困難的狀況。這時以冷靜且情緒抽離的角度來評估局勢可能是有幫助的，這是伊薩的正面意涵之一。

　　伊薩無逆位意義。

**魔法用途**

維持現狀、避免不必要的能量或發展、使情況變得清晰。

# 耶拉 JERA

**亦寫成：** Jara、Jeran、Jeraz

**發音：** yair-ah

**字母音：** Y（如「year 年」裡的 y）（德語中的 J）

**譯為：** 年、收穫

**關鍵字：** 收穫、獎勵、自然循環、成果、生育力、成長

### 主要主題

　　耶拉是跟收穫。以及不斷變化的一年四季有關的符文。類似年輪的新異教概念，耶拉意指每個循環季節都有其目的，因此也提醒我們目標的達成往往需要時間。在春天種植的種子必須花時間生長，而長成的植物只能在適當的時間收穫。但只要你在整地、照料作物和收穫上付出了必要的努力，耶拉表示你將會成功。

作為海姆達爾族的第四個符文，耶拉緊接在聚焦於障礙的符文三系列之後。如果你一直處於逆境，耶拉的出現是正面的跡象，代表麻煩正在消失，你正進入向前邁進的幸運時期。這是能夠因為辛勤工作和毅力而收穫獎勵的符文。可能代表繁榮和豐盛、事業成功，或其他形式的努力成果。慶祝你的好運，欣賞你目前狀況的喜悅，強化你對未來的希望和計畫。

但不要滿足於現狀太久。就像在慶祝收穫的活動後必須緊接著準備過冬一樣，在適當的時機還是必須再次謹慎地應變和耐心靜候。這只是自然、循環的生活秩序。認識到這點可以幫助你順應而不是抵抗環境。

## 其他意義

作為象徵生長循環的符文，耶拉也代表生育力，而且可能暗示著婚姻。可能是指生育，不論是真正的懷孕還是事業的成長。有些新異教傳統將這個符文與男神和女神象徵性的神聖結合連結在一起。

無論如何，耶拉象徵「對立」的結合，例如黎明和黃昏（白天和黑夜的交會點），以及季節之間的臨界時間，例如秋天裡的

暖天，或是春季的冷天。在這樣的背景下，符文建議你承認自己身處或一直在歷經逆境，最終會促成你的成長──因為你從人生中學習，你才會成為現在的你。

耶拉無逆位意義。

**魔法用途**

生育力、創造力、帶來想要的事件、家庭事務、成長與增加、耐心、促進與時間和季節的和諧關係。

# 艾瓦茲 EIHWAZ

**亦寫成：**Eoh、Eow、Ihwaz、Iwarz

**發音：**eeh-wahz

**字母音：**不確定（可能是「need 需求」中的「E」，或是「cat 貓」中的「A」）

**譯為：**紫杉

**關鍵字：**死亡、再生、重生、改變、魔法

### 主要主題

　　艾瓦茲代表的是紫杉樹，而這也讓它成為死亡和再生的象徵。紫杉對人類和家畜來說是毒性極強的植物，古代會用這種樹製作的毒藥來謀殺和自殺。然而，紫杉因常綠的性質和極為長壽——一棵野生紫杉可存活幾千年——的緣故，也被視為生命之樹。在開始乾枯時，它們可以透過在腐朽樹幹內生長的「女兒

樹」再生。這些特質的組合讓紫杉及其代表符文艾瓦茲成為生死循環的有力象徵。

艾瓦茲並不代表實際的死亡，而是將帶來新開始的結束。如果事物看似中止，請保持耐心。這個符文告訴你允許舊的情況消失，新的發展才能進入你的生活。你也可能正經歷隱喻的「死亡」，即拋棄舊的方法，與舊的自己告別，因為它們已不再為你所用。不要抗拒正在發生的改變，而是要學習「順其自然」和保持彈性。你可能現在還無法理解，但你目前的經歷正在為改善的新狀況做好準備。

艾瓦茲經常被拿來和塔羅牌中的死神牌比較，儘管我們知道盧恩符文至少早於塔羅牌一千多年。有趣的是，這兩者的號碼都是十三 —— 死神牌是大阿爾克那中的第十三張牌，而艾瓦茲是古弗薩克中的第十三個符文。如同艾瓦茲，死神牌因為和結束有關，也象徵著重生和新的開始。艾瓦茲也位於盧恩字母表的中間，意味著「死亡」只是循環的結束，絕不是故事的結局。

## 其他意義

作為紫杉和重生的象徵。艾瓦茲也與魔法施作有關，尤其是保護自然，以及／或涉及轉化的魔法。它被稱為通往地下世

界門戶的象徵，以及為了尋求知識或理解而前往無形世界的慎重「旅程」。

在這樣的背景下，艾瓦茲可能表示你比自己意識到的更有力量去駕馭正在歷經的變化，而且你或許可以主動去促成轉化，而不是只是等著外力帶來改變。

在某些解讀中，艾瓦茲可能指出你過去尚未解決的面向。在你解決之前，這個事件、關係或是其他狀況，都會繼續妨礙你。現在就解決問題，你才能全力往前進。

艾瓦茲無逆位意義。

**魔法用途**

保護、克服障礙、靈性發展、強化個人和魔法力量、有效的驅除符文、占卜、前世回溯。

# 佩索 PERTHRO

**亦寫成：**Perdhro、Pertho、Pertra、Perthu

**發音：**pair-throh

**字母音：**P

**譯為：**（未知）

**關鍵字：**神祕、祕密、啟示、機會

### 主要主題

佩索是所有盧恩符文中最神祕的一個。學者們從未對它的意義達成一致的意見，但這個符號經常被詮釋為擲骰子的容器，例如現代的骰盅。因此，佩索和占卜有關，這個符文會用來作為探索隱藏知識的方法。

抽到佩索可能表示事情並不如表面看起來那樣，而且有些先前未知的事即將揭露。可能是某人一直保守的祕密，或是在此之前你一直不知道的靈性真相。這個符文建議你留意你的直覺注意

到的跡象和訊號。這時也是追求任何神祕學興趣的好時機，例如深入學習魔法，或是與更高次元進行交流。

如果你一直在與頑強的難題搏鬥，佩索可能表示你必須向內探索你一直在尋找的答案。花點時間做冥想，去散個步，或是找其他方式和被混亂的現代生活所遮蔽的宇宙能量調和。清空你的思緒，讓你所需的領悟自然不費力地浮現。相信未知的奧祕，一切都會在適當的時候揭露。

逆位的佩索可能代表令人不愉快的驚嚇或暴露的真相，也可能指的是你堅守的祕密，但已經越來越難保密，或是不健康地關注過去的某事。也可能是在提醒你此時不要期望過高，或是太在意結果。你可能正浪費精力在關注外部的狀況，而不是讓自己發自內心地快樂。如果整體的解讀並不清楚，逆位的佩索可能是在請你暫時不要占卜，過一段時間再回來進行盧恩符文占卜。

### 其他意義

佩索也可以詮釋為「機遇」，意思是驚喜或意外的正向發展。在這樣的背景下，逆位的佩索表示可能會失望，因此這時請避免冒險，尤其是在涉及金錢的情況下。

視解讀的背景而定，佩索也可以指向生育力、懷孕和／或誕生，因為這個符號有如容器的形狀讓人聯想到子宮。有些新異

教傳統將佩索視為母神（Mother Goddess）的子宮，將生命從無形世界以有形的形式帶到地球上。在這層意義上，逆位的佩索可能指的是性功能障礙或生殖困難。

**魔法用途**

賭博的好運、保護事業投資、占卜、健康與療癒、培養靈性的清明、生育力。

# 埃爾哈茲 ELHAZ

**亦寫成：** Algiz、Eoih、Elgr

**發音：** el-hahz

**字母音：** Z

**譯為：** 保護、麋鹿、莎草植物

**關鍵字：** 保護、防禦、機會

## 主要主題

　　埃爾哈茲是關於防禦和保護的符文。據說它的形狀既代表了具有雄偉鹿角的麋鹿，也代表了莎草植物，其鋒利的葉子可作為天然保護，讓它免受潛在捕食者的侵害。兩種形象都闡明了這個符文所代表的力量——阻止個人經歷受到負面影響的內在保護力。

　　抽到埃爾哈茲表示你遠離危險，而且沒有必要害怕。然而，不要將這保護的能量視為理所當然，以為這樣就可以魯莽行事，因為這個符文並不是說無論如何都不會有危險。這只是意味，只

要保持警覺和頭腦清醒，同時與直覺保持連結，你就會走向正面的成果。埃爾哈茲也被詮釋為向上與神連結以尋求支持的符號。藉由聆聽你的較高指引，你將會知道該採取哪些措施來避免受到傷害。

逆位的埃爾哈茲可能表示你一直在做相反的事，即失去和直覺的連結，或甚至是缺乏常理的判斷。這是在建議你，當你失去與較高指引的連結時，請當心可能朝你而來的任何麻煩。此時你周遭散發出一種脆弱感，可能會有潛在的危險或負面影響從意想不到的方向出現。

但不要因恐懼而變得多疑或無力，因為這些反應會阻塞你的清明，而且可能會讓你無法安全地駕馭這個局面。此時務必要好好照顧自己身心和情緒上的健康，並避免做出倉促的決定。

### 其他意義

埃爾哈茲也可能指的是即將到來的機會或追求。通常這涉及一個以上的人，他可能會帶來參與某種商業機會的提議或邀約。只要你的直覺同意，那就冒險一試，這是進行新嘗試的有利時機，而且很可能會迅速帶來有利的結果。如果解讀的主要問題與新的商業機會有關，尤其是帶有風險的機會，那麼埃爾哈茲就是幸運的指標。

另一方面，在這樣的背景下，逆位的埃爾哈茲提醒你可能有人正企圖佔你便宜。要留心事業或戀愛關係中剛認識或或算不上了解的對象。請盡可能做全面性的調查，如果有任何事情看起來「不太對勁」，請毫不猶豫地拒絕對方的提議。

---

**魔法用途**

保護免受負面能量和人們的傷害、保護財產、強化友誼、星界溝通（astral communication）。

---

# 索維洛 SOWILO

**亦寫成：**Sowulu、Sol、Sunna

**發音：**so-we-loh

**字母音：**S

**譯為：**太陽

**關鍵字：**光、能量、身體健康、成功

### 主要主題

　　索維洛是和太陽有關的符文，也代表用來維持生命的陽光。開納茲代表的是火炬的火光，可引領人穿過黑夜，而索維洛代表的是日光，用來照耀萬物，讓我們的視線不被黑暗所遮蔽。這是光明戰勝黑暗的符文，可為當下的處境帶來急需的清明和療癒。

　　盎格魯－撒克遜的盧恩符文詩中的詩句將太陽描述為「懷抱著海員希望的喜悅」，讓水手們在從海中靠岸時能夠打起精神。索維洛在告訴你，你被溫暖的光所包圍。只要允許自己擁有，成

功、身體健康和喜悅都是屬於你的，其中也包括幸運和繁榮。然而，視你的情況而定，你可能需要更加敞開心扉，清除內在的陰影，讓更多的光（以及生命力）進入你的體驗中。

抽到索維洛表示你能夠利用太陽有益的能量來照亮道路並達到目標。運用你的創意和與生俱來的技能及天賦來加強你的追求，請記住你有強大的力量可供使用。

## 其他意義

儘管太陽對地球上的生命而言至關重要，但如果它的強度無法和其他形式的能量達到平衡，也可能會造成傷害。視解讀的背景而定，索維洛可能是在請你檢視你如何運用自己的活力。你是否因為太多的活動或承諾而過度分散精力？你是否忽略健康或有過勞的風險？務必要讓自己冷靜下來，並在有必要時腳踏實地，如此才能繼續將太陽的力量用於正向的結果上。

你也可能過度將事情放大，而實際情況並沒有那麼嚴重，或是在應該更謹慎行事，並退一步釐清狀況時反而讓自己成為焦點。

以理性且清晰的思路，用太陽的力量來闡明問題，而不是透過情感的濾鏡。對自己和他人誠實，因為欺瞞會讓每個人都活在陰影中。

索維洛無逆位意義。

**魔法用途**

加強自信、動機、成功、療癒、戰勝挑戰、靈性指引。

# 提爾族
## TYR'S AETT

提爾族的盧恩符文敘說的是飛舞在有形和無形界之間的面向，符文直接連結至古代神祇、自然力量，以及人類本身。

## 提瓦茲 TIWAZ

**亦寫成：** Teiwaz、Tyr、Tiwar

**發音：** tee-wahz

**字母音：** T

**譯為：** 提爾神

**關鍵字：** 勇氣、勝利、力量、熱情、陽性能量

　　作為提爾族的第一個符文，提瓦茲代表提爾神的特質，而且和勇氣、力量，以及陽性能量的前進性質有關。提爾為了不讓巨狼芬里爾（Fenris Wolf）傷害奧丁而犧牲了自己的右手，證明了他的勇敢和對眾神的奉獻精神。

　　因此，提瓦茲敘說的是，如果為了更大的利益，我們必須將社會原則置於個人的欲望之上。如果你正面臨為了達成正向結果而可能帶來潛在不安的決定，提瓦茲表示你具有承受犧牲並取得勝利的勇氣和能力。只要你誠信行事且忠於內在的智慧，你已經準備好接受挑戰。堅持立場，堅守信念，最終你的成功將會受到他人的認可和敬重。

　　勝利是提瓦茲另一個主要的詮釋，尤其是當涉及各種競爭時。你此時可能感到充滿熱情與動力，請用這樣的能量來達成目標，你就會成功。這個符文也是法律事務成功的象徵，只要你的行為誠實且公正。

　　提瓦茲的形狀很像矛 —— 和提爾神有關的符號 —— 以及向上的箭頭，這兩者都象徵陽性能量的力量。這表示要採取行動，而不是被動，但請注意不要衝動行事，或讓你的決心凌駕於直覺之上。

提瓦茲也可以代表男人。如果問卜者是男性，那麼提瓦茲通常代表他。如果問卜者是女性，提瓦茲往往代表和她親近的男性，可能是伴侶、家人，或是親密友人。在這樣的背景下，在解讀中最靠近提瓦茲的符文會直接影響到所代表的這個人。

逆位的提瓦茲代表你缺乏達成目標的勇氣或動力。你可能因為道路上出現障礙而感到心灰意冷或沮喪。你很可能正經歷前進的能量受到阻礙的狀況，讓你無法獲得朝任何方向前進的動力。你也可能動作太快，太倉促地做決定，從長遠來看，這會讓你付出代價。你可能甚至展現出冥頑不靈的傾向，拒絕考慮他人的任何意見。

不論是哪一種狀況，逆位的提瓦茲都提出同樣的建議：放慢速度。慢慢來，考慮你所有的選擇，傾聽他人提供的任何建議，而且在再度進行之前務必要保持沉著和專注。

### 其他意義

提瓦茲陽性能量的另一個層面是熱情和性能量，因此視解讀的背景而定，這個符文也可以代表戀情。這可能指的是新的戀情，或是讓現有關係重新恢復活力。

在這樣的背景下，逆位的提瓦茲可能指的是熱情消散，甚至是戀愛對象不誠實的行為，尤指男性伴侶。可能會有緊張的溝通，或是根本沒有溝通。你可能必須決定這段關係是否值得，不論你付出多少代價在維繫關係。

---

**魔法用途**

療癒、成功、競爭成功、強化意志力、勇氣、健康的陽性能量、強化靈性信仰。

---

# 貝卡納 BERKANA

**亦寫成：**Berkano、Bairkan、Beorc、Bjarkan

**發音：**bair-kah-nah

**字母音：**B

**譯為：**樺樹、樺樹女神

**關鍵字：**誕生、新開始、家庭、生長、再生

## 主要主題

　　貝卡納是非常正向的符文，象徵新的開始。可以是新的方案、新的關係、靈性發展的新階段，或是帶來成功結果的新點子。宇宙能量是富饒的，而且已經準備好帶來新的展現，因此你正處於展開下次冒險的絕佳位置。貝卡納被稱為誕生符文，也可以表示實際的小孩誕生、婚禮，或是其他快樂的家庭場合。這個符文對嘗試懷孕的女性來說是非常好的預兆。

貝卡納是和女性能量有關的符文，而它的形狀代表原型大地之母的胸部，而大地之母以許多不同的形式在全球異教文化中廣為人知。這個符文象徵母性能量養育、細心照顧和保護的特質。

視解讀的背景而定，貝卡納可能是在請你檢視自己正將照顧的能量用在哪些地方。你是否有在培養自己的夢想和目標？你是否有好好照顧自己？這也可能指的是外界支持的影響（不論是個人或環境）現在對你來說可能有幫助。不要害怕接受他人關愛的援助。

貝卡納也可能代表女人。如果問卜者是女性，那貝卡納通常代表的就是她。如果問卜者是男性，貝卡納往往代表和他親近的女性，可能是伴侶、家人，或是親密友人。在這樣的背景下，在解讀中最靠近貝卡納的符文會直接影響到所代表的人。

逆位的貝卡納表示在展現新事物時遇到停滯或障礙。視背景而定，這可能表示受孕困難或有懷孕的問題，或是難以展開新事業。家庭或家族內部可能有衝突，容易發脾氣。你可能正在擔心某個你愛的人，或是向某個人提供支持，但對方卻不接受。

在此建議你保持心胸開放，或許也可以重新檢視行為背後的動機。但不要為了關注你無法改變的事而阻擋了新的可能性。將精力集中在富有成效的地方，暫時放下棘手的問題。

貝卡納譯為「樺樹」，這是一種備受敬畏的樹，與更新和再生有關。樺樹是在最後一個冰河時期後返回土地重新生長的第一批樹木，也是春天最先長出樹葉的樹木。

如果你正在困境中掙扎，或是整體解讀主要偏負面，貝卡納是提醒你，無論事情看起來多麼冷酷陰鬱，溫暖和光明都會再度出現。你很可能處於精神覺醒前的休眠階段，很快又會開始綻放光芒。

**魔法用途**

生育力、女性健康、強化家庭關係、愛、
保護、將想法化為實際、創造力。

# 依瓦茲 EHWAZ

**亦寫成：**Ehwass、Eih、Eoh

**發音：**ay-wahz

**字母音：**E（「eh」，如「element 元素」）

**譯為：**馬

**關鍵字：**改變、信仰、忠心、信任、移動、旅行

### 主要主題

　　依瓦茲的形狀是馬的象徵，而馬在古代日耳曼部落因被視為神聖的動物而受到尊重。這個符文代表信念、忠誠和信任等特質，而這些都是馬161和騎乘者之間能夠建立成功關係所必需的條件。

　　依瓦茲是和夥伴及友誼相關的符文，而且代表必須對你身邊的人忠實且負責。如果是和關係有關的解讀，抽到依瓦茲對於涉及雙方的重大領域都是好的徵兆。

而忠實的概念也適用於個人事務和目標。如果你的解讀和某個具體追求的事項有關，依瓦茲是在提醒你，你擁有完成這個目標所需的一切，但你必須全心全意地投入和努力才能完成。先跨出一隻腳就能取得穩定的進步。只要你做好自己的部分，你所需的支持就會到來，而你也會獲得動力。

　　視解讀的背景而定，逆位的依瓦茲可能表示你或關係中的其他人並沒有展現出信任或忠誠。如果你正在思考是否該信任某人，逆位的依瓦茲可能證實了你的疑慮。

　　但這也可能代表你自己缺乏信念或信任。這是向後退一步並綜觀全局的好時機，你是否仍懷有過去的傷痛，因而無法信任或接受他人的信任？

　　如果解讀和目標有關，逆位的依瓦茲表示缺乏動力。可客觀地檢視自己至今處理事情的方式。你是對自己缺乏自信，還是因為對結果缺乏信心，所以讓自己陷入困境？如果是這樣，請先不要做決定，等到你重新恢復信心後再做決定。

### 其他意義

　　馬可以迅速變換方向，因此依瓦茲的另一個意義是改變，而這經常是改變工作或住處。這是正向的改變，即使一開始可能看起來令人卻步。

在這樣的背景下，逆位的依瓦茲可能表示你因為感覺受限或不安，已經準備好對某個特定狀況做出改變。

視解讀中的其他符文而定，這也可能表示是時候開始探索你的選擇了。

依瓦茲也和移動及旅行有關，因為馬是古代世界重要的交通工具。這可能是真實世界的旅程，但也可能是內在的靈性之旅，因為馬和全世界許多薩滿傳統的星界旅行（astral travel）有關。如果你正歷經嚴重的情緒或身體障礙，依瓦茲或許是表示你實際上正在進行轉化的內在之旅，而且會變得比過去的自己更加強大。保持心胸開放，如此才能學習你的生活目前正帶給你的靈性課題。

在實際旅行的背景下，逆位的依瓦茲是在警告你目前並不是展開旅程的最佳時機。如果你可以避免旅行，那就這麼做吧。如果無法避免，只要格外小心，不要讓干擾或「路上的顛簸」影響到你。在靈性之旅的背景下，逆位的依瓦茲是在警告你不要試圖用逃避現實的方式逃避內在的課題，不論是濫用藥物、工作狂，還是極其乏味的科技等形式。

---

**魔法用途**

旅遊平安、身心的耐力、促進值得信賴與忠誠的關係、帶來迅速的改變、協助進行星界旅行。

# 瑪納茲 MANNAZ

**亦寫成：**Madr、Madir、Mann

**發音：**mah-nahz

**字母音：**M

**譯為：**人類

**關鍵字：**人性、自我、支持、幫助、智力、家庭

## 主要主題

　　瑪納茲是和人類有關的符文，而且象徵人類不同於地球上其他生物的特性：有能力為創造而創造、發展並傳承文化、閱讀和書寫的能力等。這個符文提醒我們，不論我們各自的語言、外觀或信仰是什麼，我們都是全人類共同經驗的一部分。同時，瑪納茲也代表自我，而且特別強調一個人的內在人格。

　　這個符文往往指出你的內在自我和你在外界的自我定位之間存有某種緊繃的關係面向。你的感受可能和社會的態度及期望有

所分歧。如果是這種狀況，請務必聆聽自己的直覺，而不是任由你的自我來決定行動方針。瑪納茲提醒你要保持自我意識，在你選擇要如何回應當下的情況時，請在身體上、情感上和靈性上關注自身。

除了強調內在自我，瑪納茲也象徵來自他人的幫助。符文的形狀令人聯想到互相支持的感覺，就像兩個人為了讓聚在一起能更加穩定，因而創造出更強大的結構。你可能正在接受他人的幫助，或他人借你之力實踐共同的目標。此時敞開心胸接受他人的幫助，並在有需要時也伸出對他人的援手。獨立自主是重要的特質，但最終人類還是需要彼此，才能充分發揮潛能。

逆位的瑪納茲可能表示孤立、自卑，以及／或眼裡只有自己。你可能和自己的內在自我不協調，而且需要一段遠離他人的「休息時間」才能調整至協調狀態。或是你可能在某個社會衝突事件上覺得自己像是「邊緣人」。可花點時間誠實地檢視你在這個議題中扮演的角色，並準備好在情況稍微緩解時進行任何必要的修正。

逆位的瑪納茲也可能表示此時你不太可能得到任何人的幫助，或是甚至正受到其他人對你想努力的目標進行干擾。如果是這樣，這時自力更生或使用非傳統的方法會有幫助。

視在解讀中的位置而定，瑪納茲也可能代表問卜者。如果是這樣，最靠近瑪納茲的符文會對問卜者帶來最強大的直接影響。

## 其他意義

由於與「人類」的主題相關，瑪納茲也象徵人類的智力和創意。瑪納茲被視為是 hugrune，或者說是心智符文，代表與語言、法律和學術研究相關事務的成功。在這樣的背景下，逆位的瑪納茲是在警告你，你在處理手邊的問題時遺漏了最顯而易見的關鍵元素。

瑪納茲也和家庭事務有關，可能表示你關注某個親近的人，包含有血緣家人或近親。在這樣的背景下，逆位的瑪納茲建議你花點時間遠離問題，並專注在維持自己的平衡與健康。畢竟，你不能為了讓別人得到溫暖，反讓自己著了火。為自己充飽電力，才可以提供他人適當的協助。

### 魔法用途

來自他人的幫助或合作、提高思維敏捷度、提升記憶力、促進和諧關係、在法律和學術問題上取得成功。

147

# 拉古茲 LAGUZ

**亦寫成：**Lagu、Laguz、Lagaz、Logr

**發音：**lah-gooze

**字母音：**L

**譯為：**水

**關鍵字：**水、流動、直覺、無意識、靈力、女性、成長

## 主要主題

　　拉古茲是和水有關的符文，象徵各種形式的水元素：河川、溪流、湖泊、海洋、雨水，甚至是人體所含的水分。拉古茲也涉及情緒、透過眼淚淨化多餘的能量，以及生活的不可預測性。

　　如果你正因為某個情況而情緒載浮載沉，拉古茲建議你放下抵抗，順其自然。在這裡，適應力是關鍵，因為持續抵抗只會讓你更加陷入僵局。即使是正面的情況也是如此，請懷著感激承認

並享受其中，但不必將這視為你快樂的泉源而緊抓不放。讓生命之流引領你，而不是試圖控制並主導它。

作為與水有關的符文，拉古茲也是和直覺及潛意識相關的符文。你此時可能會從內在自我獲得許多突如其來的直覺。請務必遵循你的「內在感覺」，即使你的大腦給你不同的意見。拉古茲表示靈力可透過練習培養和強化。請保持開放並接收來自靈界和高我的訊息。信任自己的內在過程有助你駕馭任何的驚濤駭浪。

逆位的拉古茲指出你的生活缺乏流動，或許是因為目前的工作或關係而感到停滯不前，或單純只是忽略個人的直覺和靈性層面。你可能正被一些不愉快的情緒所困，而你必須讓這些情緒流露出來，才能繼續前進。你也可能受到誘惑想放縱自己，或想選擇最輕鬆的路徑。而這無法帶來你應經歷的靈性成長。不論是什麼樣的狀況，花點時間待在大自然的水畔，可幫助你找到清明和勇氣，這時對你的能量非常有益。

### 其他意義

拉古茲也是女性能量的象徵，而且可以代表男女關係中的女性。在此指的是女性的能量和支持。

在這種背景下，逆位的拉古茲可能表示此時你身邊的女性別有用心，或是在某種程度上會給你帶來麻煩。和這女人相處時，請和你自己的直覺保持連結。

這個符文也可進一步表示創意和成長。拉古茲有時譯為「韭蔥」，這是一種可食用的神奇藥草，受到古代北歐人的推崇。古代北歐的韭蔥是野生的，而且被視為是成長和男子氣概的象徵。在這樣的背景下，拉古茲代表在地球上所有的物質中找到的生命力。如果你一直在隱藏或忽視你的創造才能，這個符文在催促你去發展這樣的天賦，因為這會為你的生命帶來進一步的成長。

　　反之，逆位的拉古茲可能表示你正歷經缺乏創意的時期。為了讓新的創造能量進入你的生活，你可能需要稍微調整一下，擺脫一成不變的生活。

## 魔法用途

增加直覺和靈力、健康的女性能量、創造力、在艱難的處境下維持動力。

# 殷瓦茲 INGWAZ

**亦寫成：** Inguz、Enguz、Ing

**發音：** eeng-wahz

**字母音：** NG（如同「wing 翅膀」）

**譯為：** 殷格神（亦稱殷瓦茲）

**關鍵字：** 生育力、男性保護力、導引能力、完成、安全

### 主要主題

　　殷瓦茲是生育之神殷格（亦稱殷瓦茲）的符文，而且與男性的性慾和力量有關。這是在嚴冬後出現的春季植物生命的能量，也代表地球上所有生命的繁衍。視解讀的背景而定，抽到殷瓦茲可能代表健康且熱情的性關係。

　　然而，這也可以更廣泛地表示透過特定方式（例如計畫、商業活動或旅程）引導的生產能量。無論目前是什麼促使你積極地

前進，殷瓦茲都承認且肯定這背後有股強大的能量，而且正在取得實質的成果。

　　殷瓦茲其中一個意義是完成。你生命中某個舊的階段即將結束，同時將釋出能量，讓新的現象進入你的體驗中。問題已經解決或即將解決，之後你將感到如釋重負。

　　你對手上的事已充分發揮自己的潛力，是時候放手，讓情況自行發展。相信你已完成所有必要的工作，你周遭感受到的能量最終是正向的，解脫就在眼前。

　　殷瓦茲被廣泛認為是非常吉利的符文，表示你生活中的重大事件或轉捩點會帶來令人滿意的結果。

　　夢想很可能會成真。

殷格也是代表家庭和火爐的神，因此殷瓦茲也表示安全和慈愛的家庭環境。你的家和當中的每個人都是受到保護的。如果你因為這方面的幸福感受到某種威脅而感到焦慮，你可以放心。此時此刻你可享有平靜、繁榮和對生活的滿足感。這確實是好運的符文。

殷瓦茲無逆位意義。

## 魔法用途

生育力、結束某個局面、建立和釋放魔法能量、保護、熱情。

# 達嘎茲 DAGAZ

**亦寫成：** Daeg、Dags、Dogr

**發音：** dah-gahz

**字母音：** D

**譯為：** 白天

**關鍵字：** 日光、成功、希望、突破、轉化、平衡

### 主要主題

達嘎茲是和日光有關的符文，因此在任何解讀中都被視為非常有利的徵兆。對古代的北歐來說，是漫長寒冷中的寶物。達嘎茲也和對比的仲夏（白天很長，太陽最有力的時節）祝福有關。

這個符文代表增加、成長、繁榮、力量、身體健康和整體幸福感。你可能會在自己一直關注的問題或計畫上歷經意想不到的成功結果。隨著正向的全新發展，這個符文鼓勵你保持樂觀，並專注在光明的一面上。

達嘎茲也被稱為「黎明符文」，因此代表新的希望，以及從黑暗中走向光明。你可能最近在身體、情感或靈性層面歷經了「黑夜」，而現在能夠以得來不易的清明和自信迎接新的曙光。

達嘎茲也具有和保護相關的意義，因為日光被視為保護的力量，可引領我們脫離危險，走上正確的道路，並避免不必要的影響。你現在已經避開了傷害，可以為自己的平安感到喜悅，並期待新的開始和機會。

作為劃破黑夜的第一道曙光，達嘎茲也代表洞察力和靈感上的突破，不論是藝術、創意層面，還是靈性的領悟。這個符文可能表示你可以和神聖能量交流的時期，或甚至是對於某些情況或事件有靈性上的理解，而相關的其他人卻只感到困惑。

不論是什麼情況，這裡表示的是靈性發展和提升。神聖之光正引領你走上你的道路，而且你正在穩定地進步。

### 其他意義

達嘎茲均衡的形狀表示對立能量（光明與黑暗、上下、變動與停滯等）之間的平衡。視解讀的背景而定，這個符文可能是提醒你在解決問題的方法或一般的日常生活中尋求更多平衡。

達嘎茲也可能指出你生活中重大的轉化或主要的變化。有些人將這個符文的形狀比作蝴蝶的翅膀，令人聯想到美麗的羽化過

程可能是從不舒服或可怕的過渡時期開始。如果你正因為人生的重大變化而感到動彈不得或被連根拔起，讓達嘎茲提醒你必要的轉變會帶來正向的結果。

達嘎茲無逆位意義。

---

**魔法用途**

好運、促進正向的轉化、增加財富、在充滿挑戰的情況下度過難關、靈性或創意上的突破。

---

## 歐瑟拉 OTHALA

**亦寫成：**Othalan、Othila、Odal、Odhil、Othel

**發音：**oh-thee-lah

**字母音：**O（如「snow 雪」中的 o）

**譯為：**繼承

**關鍵字：**遺產、傳統、繼承、祖產、祖先業力

### 主要主題

古弗薩克的最後一個符文歐瑟拉是和繼承有關的符文，敘說的是從生養我們的人來看，我們帶著什麼來到這世界。這個符文可能指的是土地或其他資產等實質的繼承物，但也經常和我們從原生家庭繼承的無形事物有關，不論好壞。不論我們和我們其他的家人多相像或多不同，也不論離家多遠，或是多麼獨立自主，我們都會帶著來自原生家庭的特徵、信念、習慣和影響。

抽到歐瑟拉可能表示你目前的處境和你的背景有關，或許是你從小無意間被灌輸的信念，或是其他影響你成長的因素。

如同第一個符文菲胡，歐瑟拉也與財富有關，但指的不是流動財（例如牛），而是土地形式的祖傳財富。在古代的斯堪地那維亞，一個家庭擁有的土地不能出售，而是必須世代傳承下去。這種做法意味著強大的群體基礎，使家庭、宗族和文化傳統得以根深蒂固。歐瑟拉象徵這些家庭關係，這是過去幾世紀生活中不可或缺的一部分，而至今對許多人來說仍然是如此。

如果你和你的大家庭住得很近，歐瑟拉可能正建議你在充滿挑戰的事務中依賴家人情感或物質上的支持，或是為需要的家人提供支持。如果你住得較遠可能也是如此，儘管在這樣的情況下，這個符文可能只是在催促你和「家鄉」的人聯繫。

在許多解讀中，歐瑟拉指的是你繼承的傳統與你目前的生活方式之間的緊張關係。或許你過著父母和／或祖先不會同意的生活方式，也或許你發現必須隱藏真實的自己，並迎合你身邊之人的主流世界觀。

歐瑟拉代表維持現狀，即「一如往常的做事方式」。然而在瞬息萬變的世界裡，要怎麼區別什麼是值得保留的，什麼是必須捨棄的，一切都取決於你，這樣你能在身體、情感和靈性層面上活出自己的真實和成長。

逆位的歐瑟拉經常指向家庭內的衝突與不和諧，而且可能表示離婚或重大的分歧，又或者是關於繼承的爭執（在有家庭成員過世時這並不罕見）。不論紛爭的來源為何，建議保持耐心並小心觀察，而且盡可能將感情抽離。避免因更多的不和而加劇局勢。逆位的歐瑟拉也可能是警告會有財物上的損失，或是遭遇不受到家人支持的情況。

　　更普遍的情況是，逆位代表因為被家人和／或團體孤立、和自己目前的住處缺乏連結而感到孤獨。這也可能是在建議你，此時不要藉由打破重大的家族或文化禁忌來「惹麻煩」。

### 其他意義

　　視解讀而定，歐瑟拉也可能意味著來自朋友或長者的協助。這也可能是在鼓勵你進行園藝、培養特殊技能或從事研究領域，以建立穩定的資源。在某些例子中，這也與不止一位問卜者的前世有關。

### 魔法用途

取得並保存財富、療癒、促進家庭關係和諧、更了解自己和「大方向」、與祖先溝通。

# 結論

　　毫無疑問地，就如同你現在所理解的，盧恩符文的奧祕並非簡單的表面詮釋。每個古代的符號都具有豐富的意義，並隨著時間和你的經驗越來越豐富而變得更容易理解。符文的運用確實可以成為終生的旅程。永遠都有更多值得學習的，即使對最高階的盧恩符文使用者來說也是如此，他們知道盧恩符文永遠也不會放棄它們**所有**的祕密。

　　因此，如果你無法立刻用直覺發現每個古弗薩克盧恩符文（或是任何其他的符文字母）的連結也不必感到沮喪。要記住這些神祕符號的關係需要時間和奉獻精神。在這方面，每天練習對一個符文冥想可能會極有幫助。

你可以先從菲胡開始，然後按著古弗薩克的順序逐步進行，或是每天從袋中抽出一個符文，讓符文引導你接下來的二十四小時該專注在哪個面向上。在你將所有的符文都練習完一輪後，你或許會想要重複這個過程來進一步加深你與每個符號的連結。

其中一個相關的練習是讓符文協助你塑造自己的魔法習慣。你想要使用盧恩魔法，但卻不確定該使用哪一個，或是要用在什麼目標上？從袋中抽出一個符文，然後探索它的占卜意義和魔法用途。這個符文可能指出你可以如何在生活上運用魔法的協助，額外隨機抽出的二至三個符文可能協助你更清楚地看見解決方案。

當談到占卜時，許多剛接觸盧恩符文的人想知道他們是否將能以專業身分為親友，甚至是大眾解讀。這由個人自行選擇，但應留意的是，與更經典的塔羅牌相比，為他人進行盧恩符文的解讀可能會更為棘手。這是因為符文詮釋是非常個人化的，會基於一個人自身內在的世界觀和對每個符文的聯想，很可能無法輕易地應用至他人的生活狀況中。

此外，塔羅通常以圖像為依據，無論問卜者對牌卡的熟悉程度如何，都可以較直覺的方式得到解答，相較之下，盧恩符文只是簡單的符號。因此，盧恩符文通常需要更深入的研究，才能讓占卜訊息立即顯現在問卜者面前。

這表示身為解讀者，基本上是由你全權負責解讀意義，而問卜者幾乎只能任由你的詮釋「擺布」。這可能是很重大的責任，因為你不希望不經意地讓問卜者對你的解讀深信不疑，因而創造出不想要的結果。因此，如果你願意的話，當然可以試著為朋友解讀，但在進行任何解讀時（無論是為自己還是他人），請務必從「未來永遠可以透過我們當下的選擇而改變」的觀點出發。

隨著你變得和盧恩符文的能量越來越協調，你也會發現自己更受到古日耳曼人的魔法與靈性傳統所吸引。為此，本指南的最後提供了建議資源清單。你將找到詳盡的對應表，可作為精簡的古弗薩克盧恩符文魔法與占卜指南。請好好享用這些資源，也祝你學習盧恩符文的奧祕之旅一路順風！

# 深入閱讀建議

　　如同本指南所述，盧恩符文有許多不同的用法。有些深深植根於日耳曼魔法傳統，但也有些完全不是如此。因此，如果這張清單中的部分作者極不同意彼此的看法也不必意外。但每本書都有值得加入盧恩符文廣泛觀點的價值，因此不該刻意忽略某種方法。在為這個迷人主題挑選下一本書時，請一如往常地運用自己的判斷力。祝展卷愉快！

　　一般認為以下作者採用的是北歐的魔法傳統背景，大部分取材自原始的歷史資料和本土傳說：

Freya Aswynn, *Principles of Runes*（2000）

Ralph W.V. Elliot, *Runes :an Introduction*（1959）

Bernard King, *Way of the Runes*（2002）

Paul Rhys Mountfort, *Nordic Runes : Understanding, Casting, and Interpreting the Ancient Viking Oracle*（2003）

Nigel Pennick, *Complete Illustrated Guide to Runes*（2002）

Nigel Pennick, *Secrets of the Runes*（1999）

Edred Thorsson, *Futhark : A Handbook of Rune Magic*（1984）

Edred Thorsson, *Runelore : A Handbook of Esoteric Runology*（1987）

Edred Thorsson, *At the Well of Wyrd : A Handbook of Runic Divination*（1988）

以下作者可能會對他們的作品進行一些真實的研究，但主要是以折衷而非歷史根源的角度來研究盧恩符文：

Ralph H. Blum, *The Book of Runes*（1983）

Kenneth Meadows, *Rune Power*（1995）

Kaedrich Olsen, *Runes for Transformation : Using Ancient Symbols to Change Your Life*（2008）

Lisa Peschel, *A Practical Guide to the Runes : Their Uses in Divination and Magic*（1989）

Susan Sheppard, *A Witch's Runes : How to Make and Use Your Own Magick Stones*（1998）

如果想建立更穩固的日耳曼神話與魔法基礎，可參考以下任何的資訊來源：

Jackson Crawford, *The Poetic Edda : Stories of the Norse Gods and Heroes*（2015）

Neil Gaiman, *Norse Mythology*（2017）

Nigel Pennick, *Pagan Magic of the Northern Tradition: Customs, Rites, and Ceremonies*（2015）

Snorri Sturluson and Jesse Byock, *The Prose Edda : Norse Mythology*（2005）

Edred Thorsson : Northern Magic : *Rune Mysteries and Shamanism*（2002）

# 盧恩符文對照表

　　以下對照表的許多資訊，例如符文的名稱、發音和翻譯，取自公認具有歷史準確性的學術資料。然而，許多魔法對應和關鍵字可能來自後來現代的盧恩符文實作發展，因此未必代表這是古代北歐地區或魔法上的用法。

　　例如，相關的顏色可能包含來自古代北歐對彩虹的感知以及現代公認的色彩。占星聯想、元素，以及其他的魔法對應來自多個符文系統，而且未必詳盡。可在你認為適合的法術中使用，以及／或是可以作為你開發自己盧恩符文對應系統的起點。

# 弗瑞雅族 FREYR'S AETT

| 符文 | 符號 | 符文號碼 | 相關顏色 | 相關神祇 | 占星聯想 | 元素 | 各種魔法對應 |
|---|---|---|---|---|---|---|---|
| 菲胡 Fehu | ᚠ | 1 | 棕色、金色、淡紅色 | 弗瑞雅(弗雷)、弗蕾亞亞(Freya) | 金牛座、牡羊座、金星、月亮 | 火、土 | 苔紋瑪瑙(moss agate)、琥珀、接骨木、蕁麻 |
| 烏魯茲 Uruz | ᚢ | 2 | 深綠色 | 索爾、烏爾德、奧丁 | 金牛座、火星座 | 水、土 | 虎眼石、樺樹、冰島地衣(Iceland moss)、橡樹 |
| 瑟瑞沙茲 Thurisaz | ᚦ | 3 | 白色、紅色 | 索爾 | 火星、木星 | 火 | 藍寶石、赤鐵礦、黑刺李、樹莓 |
| 安蘇茲 Ansuz | ᚨ | 4 | 紫色、深藍色、紅色 | 奧丁、洛基、約斯特雷(Eostre) | 金星、水星、天秤座 | 風 | 綠松石、青金石、梣樹、榛樹 |
| 萊多 Raidho | ᚱ | 5 | 藍色、鮮紅色 | 殷格、那瑟斯(Nerthus) | 射手座、水星 | 風 | 綠松石、橡樹、艾草、冬青 |
| 開納茲 Kenaz | ᚲ | 6 | 黃色、淡紅色、橘色 | 海姆達爾(Heimdall)、弗蕾亞、弗雷 | 金星、火星、太陽 | 火 | 血石、琥珀、煙水晶、松樹、黃花九輪草 |
| 給勃 Gebo | ᚷ | 7 | 藍色、深綠色 | 奧丁、凱芬(Gefn) | 雙魚、金星 | 風、水 | 蛋白石、玉、榆樹、梣樹蘋果、三色堇 |
| 溫究 Wunjo | ᚹ | 8 | 黃色、紫色 | 奧丁、弗麗嘉(Frigg)、弗雷 | 獅子、火星、金星、土星 | 水、土 | 鑽石、粉晶、常春藤、梣樹、亞麻 |

# 海姆達爾族 HAGAL'S AETT

| 符文 | 符號 | 符文號碼 | 相關顏色 | 相關神祇 | 占星聯想 | 元素 | 各種魔法對應 |
|---|---|---|---|---|---|---|---|
| 哈格拉茲 Hagalaz | ᚺ | 9 | 白色、淡藍色 | 海格（Hagal）、海姆達爾、烏爾德 | 水瓶座、土星 | 水、冰 | 黑玉、縞瑪瑙、接骨木、茄科植物、紫杉 |
| 瑙提茲 Nauthiz | ᚾ | 10 | 藍色、黑色 | 烏爾德、貝璐丹迪、詩蔻蒂（諾恩三女神） | 魔羯座、土星 | 火 | 青金石、花楸、山毛櫸 |
| 伊薩 Isa | ᛁ | 11 | 白色、黑色 | 貝璐丹迪 | 月亮、木星 | 水、冰 | 貓眼石、黑刺李、天竺葵、山毛櫸、榿木 |
| 耶拉 Jera | ᛃ | 12 | 棕色、淡藍色、綠色 | 弗雷、弗蕾亞 | 太陽、水星 | 土 | 紅玉髓、苔紋瑪瑙、橡樹、迷迭香 |
| 艾瓦茲 Eihwaz | ᛇ | 13 | 綠色、深藍色 | 烏勒爾（Ullr）、奧丁 | 天蠍座、金星、木星 | 風 | 黃玉、煙水晶、紫杉、曼德拉草、鐵杉 |
| 佩索 Perthro | ᛈ | 14 | 紅色、黑色、白色 | 弗麗嘉、諾恩三女神 | 土星、火星 | 水 | 海藍寶石、縞瑪瑙、山毛櫸、接骨木、紫杉 |
| 埃爾哈茲 Elhaz | ᛉ | 15 | 紫色、金色 | 海姆達爾 | 巨蟹座 | 風、火、水 | 黑碧璽、冰洲石、花楸、當歸、紫杉 |
| 索維洛 Sowilo | ᛊ | 16 | 黃色白色、金色 | 巴德爾（Baldur） | 太陽 | 火 | 紅寶石、日長石、杜松、槲寄生 |

# 提爾族 TYR'S AETT

| 符文 | 符號 | 符文號碼 | 相關顏色 | 相關神祇 | 占星聯想 | 元素 | 各種魔法對應 |
|---|---|---|---|---|---|---|---|
| 提瓦茲 Tiwaz | ↑ | 17 | 紅色 | 提爾 | 火星、天秤座 | 風 | 血石、赤鐵礦、珊瑚、鼠尾草、橡樹 |
| 貝卡納 Berkana | ᛒ | 18 | 藍色、深綠色 | 那瑟斯、霍爾達(Holda)、樺樹女神 | 木星、月亮、處女座 | 地 | 月光石、黑玉、樺樹、羽衣草 |
| 依瓦茲 Ehwaz | ᛗ | 19 | 白色、紅色、橘色 | 弗雷、弗蕾亞 | 雙子座、水星 | 地、水 | 冰洲石、綠松石、狗舌草、橡樹、梣樹 |
| 瑪納茲 Mannaz | ᛉ | 20 | 紫色、深紅色 | 海姆達爾、奧丁、弗麗嘉 | 木星 | 地、風 | 石榴石、紫水晶、冬青、橡樹、梣樹 |
| 拉古茲 Laguz | ↑ | 21 | 綠色、藍綠色 | 尼約德(Njord)、那瑟斯 | 月亮 | 水 | 珍珠、孔雀石、柳樹、韭蔥 |
| 殷瓦茲 Ingwaz | ◇ | 22 | 黑色、黃色 | 殷格、弗雷 | 金星、巨蟹座 | 火、土 | 琥珀、石英、蘋果、夏枯草(self-heal) |
| 達嘎茲 Dagaz | ᛞ | 23 | 黃色、淡藍色 | 海姆達爾 | 太陽 | 火、水、風 | 橄欖石、螢石、雲杉、快樂鼠尾草 |
| 歐瑟拉 Othala | ◈ | 24 | 黃色、金色、綠色 | 奧丁、弗麗嘉、弗雷 | 土星、火星 | 土 | 星彩紅寶石、苔紋瑪瑙、橡樹、山楂 |

# 盧恩字母與英文字母轉換表

| ᛈ 菲胡 Fehu | ᚢ 烏魯茲 Uruz | ᚦ 蘇瑞沙茲 Thurisaz | ᚠ 安蘇茲 Ansuz | ᚲ 開納茲 Kenaz | ᚱ 萊多 Raidho | ᚷ 給勃 Gebo | ᚹ 溫究 Wunjo |
|---|---|---|---|---|---|---|---|
| ᚺ 哈格拉茲 Hagalaz | ᚾ 瑙提茲 Nauthiz | ᛁ 伊薩 Isa | ᛃ 耶拉 Jera | ᛇ 艾瓦茲 Eihwaz | ᛈ 佩索 Perthro | ᛉ 埃爾哈茲 Elhaz | ᛋ 索維洛 Sowilo |
| ᛏ 提瓦茲 Tiwaz | ᛒ 貝卡納 Berkana | ᛖ 依瓦茲 Ehwaz | ᛗ 瑪納茲 Mannaz | ᛚ 拉古茲 Laguz | ᛜ 殷瓦茲 Ingwaz | ᛞ 達嘎茲 Dagaz | ᛟ 歐瑟拉 Othala |

盧恩符文應用入門　*Runes For Beginners*

**Runes for Beginners**
© 2018 Lisa Chamberlain
This complex Chinese edition published by arrangement with Lisa Chamberlain
through LEE's Literary Agency
Complex Chinese Translation Rights © Maple Publishing Co, Ltd.

# 盧恩符文應用入門

出　　　　版／楓樹林出版事業有限公司
地　　　　址／新北市板橋區信義路163巷3號10樓
郵 政 劃 撥／19907596　楓書坊文化出版社
網　　　　址／www.maplebook.com.tw
電　　　　話／02-2957-6096
傳　　　　真／02-2957-6435
作　　　　者／麗莎・錢伯倫
審　　　　定／吳安蘭
譯　　　　者／林惠敏
企 劃 編 輯／陳依萱
校　　　　對／許瀞云
港 澳 經 銷／泛華發行代理有限公司
定　　　　價／380元
初 版 日 期／2022年9月

國家圖書館出版品預行編目資料

盧恩符文應用入門 / 麗莎・錢伯倫作；
林惠敏譯. -- 初版. -- 新北市：楓樹林出
版事業有限公司, 2022.09　面；公分

譯自：Runes for beginners
ISBN 978-626-7108-65-9（平裝）

1. 符咒 2. 占卜

295.5　　　　　　　　111010542